LE GRAND MOYEN DE LA PRIÈRE

SAINT ALPHONSE-MARIE DE LIGUORI

TABLE DES MATIÈRES

Le Grand Moyen de la Prière   5
DÉDICACE À JÉSUS ET À MARIE   6

PARTIE I

INTRODUCTION.   11
CHAPITRE I. NÉCESSITÉ DE LA PRIÈRE.   15
CHAPITRE II. EFFICACITÉ DE LA PRIÈRE.   42
CHAPITRE III. CONDITIONS DE LA PRIÈRE.   57

PARTIE II

CHAPITRE I. PRÉLIMINAIRE : DIEU VEUT LE SALUT DE TOUS. À CAUSE DE CELA, JÉSUS CHRIST EST MORT POUR LES SAUVER TOUS.   99
CHAPITRE II. À TOUS, DIEU DONNE LES GRÂCES NÉCESSAIRES À TOUS LES JUSTES, POUR OBSERVER LES COMMANDEMENTS ; ET À TOUS LES PÉCHEURS, POUR SE CONVERTIR.   123

CHAPITRE III. EXPOSÉ ET RÉFUTATION DU SYSTÈME DE JANSÉNIUS FONDÉ SUR LA DÉLECTATION RELATIVEMENT VICTORIEUSE.   147

CHAPITRE IV. DIEU DONNE À TOUS LA GRÂCE DE PRIER, S'ILS LE VEULENT. IL NE FAUT POUR PRIER QUE LA GRÂCE SUFFISANTE. CELLE-CI EST DONNÉE À TOUS.   183

Partie III
PRIÈRES

PRIÈRE POUR OBTENIR LA GRÂCE DE TOUJOURS PRIER.   223

PRIÈRE À FAIRE TOUS LES JOURS POUR OBTENIR LES GRÂCES NÉCESSAIRES AU SALUT.   228

PRIÈRE POUR OBTENIR LA CONFIANCE DANS LES MÉRITES DE JÉSUS CHRIST ET DANS L'INTERCESSION DE MARIE.   232

PRIÈRE À JÉSUS CHRIST POUR OBTENIR SON SAINT AMOUR.   235

PRIÈRE POUR OBTENIR LA PERSÉVÉRANCE FINALE.   237

LE GRAND MOYEN DE LA PRIÈRE

**par Saint Alphonse-Marie de Liguori
Docteur de l'Église catholique**
pour obtenir le salut éternel et toutes les grâces que nous désirons de Dieu.

OEUVRE THÉOLOGIQUE ET ASCÉTIQUE de grande utilité pour toute catégorie de personnes, DIVISÉE EN DEUX PARTIES :

- Dans la première Partie, on traite de la nécessité, de l'efficacité et des conditions de la prière.
- Dans la deuxième Partie, on démontre que la grâce de la prière est donnée à tous, et on y traitera du mode d'agir ordinaire de la grâce.

DÉDICACE À JÉSUS ET À MARIE

Ô Verbe incarné, vous avez versé votre sang et sacrifié votre vie pour donner à nos prières, comme vous l'avez promis, une valeur telle qu'elles peuvent obtenir tout ce que nous demandons, et nous, ô Dieu, nous sommes si négligents quant à notre salut que nous ne voulons même pas vous demander les grâces dont nous avons besoin. Vous, avec ce grand moyen de la prière, vous nous avez donné pour nous sauver la clé de tous vos trésors divins, et nous, en ne priant pas, nous choisissons de rester misérables comme nous sommes. Ah ! Seigneur, éclairez-nous et faites-nous comprendre toute la valeur, auprès de votre Père Eternel, des supplications faites en votre nom et par vos mérites. Je vous dédie ce petit livre. Bénissez-le et faites que tous ceux qui l'auront entre les mains aient le désir de toujours prier et s'efforcent d'en enflammer aussi les autres, afin qu'ils mettent à profit ce grand moyen de leur salut.

À vous aussi, Marie, grande Mère de Dieu, je recommande ce petit livre.

Apportez-lui votre soutien et obtenez à tous ceux qui le liront l'esprit de prière et la pensée de recourir, toujours et dans tous leurs besoins, à votre Fils et à vous-même. Vous qui êtes la dispensatrice des grâces, qui êtes la Mère de la Miséricorde, incapable de laisser insatisfait aucun de ceux qui se recommandent à vous, vous qui êtes, au contraire, la Vierge Puissante, celle qui pour ses serviteurs obtient de Dieu autant qu'elle demande.

AU VERBE INCARNÉ
JÉSUS CHRIST,
BIEN-AIMÉ DU PÈRE ÉTERNEL,
BÉNI DU SEIGNEUR,
AUTEUR DE LA VIE,
ROI DE GLOIRE,
SAUVEUR DU MONDE,
ESPÉRANCE DES NATIONS,
DÉSIR DES COLLINES ÉTERNELLES,
PAIN DU CIEL,
JUGE UNIVERSEL,
MÉDIATEUR ENTRE DIEU ET LES HOMMES,
MAÎTRE DES VERTUS,
AGNEAU SANS TACHE,
HOMME DES DOULEURS
PRÊTRE ÉTERNEL ET VICTIME D'AMOUR,
ESPÉRANCE DES PÉCHEURS,
SOURCE DES GRÂCES,
BON PASTEUR,
AMOUREUX DES ÂMES,

ALPHONSE, PÉCHEUR, CONSACRE CET OUVRAGE.

PARTIE I

INTRODUCTION.

« J'ai fait paraître divers ouvrages de spiritualité. Mais j'estime n'avoir rien composé de plus utile que ce petit livre où je parle de la prière, moyen indispensable et sûr d'obtenir le salut éternel et toutes les grâces dont nous avons besoin. Je n'en ai pas la possibilité, mais si je le pouvais, je voudrais imprimer autant d'exemplaires de ce livre qu'il se trouve de fidèles vivants sur la terre et les distribuer à chacun d'eux, afin que tous comprennent la nécessité où nous sommes tous de prier pour nous sauver. »

Je dis cela parce que je vois d'une part cette nécessité absolue de la prière tellement inculquée par toutes les Saintes Écritures et tous les Saints Pères ; et que je vois, au contraire, les chrétiens se préoccuper bien peu d'utiliser ce grand moyen de leur salut. Et ce qui m'afflige le plus c'est de voir que les prédicateurs et confesseurs se soucient peu d'en parler à leurs auditeurs et à leurs pénitents, et je constate que même les livres spirituels qui sont aujourd'hui entre les mains des fidèles n'en parlent pas assez non plus. Alors que tous les prédicateurs et confesseurs ne devraient pourtant rien conseiller avec plus de soin et de conviction que la prière. Certes, ils recommandent bien aux âmes tant de bons moyens pour rester dans la grâce de Dieu : la fuite des occasions, la fréquentation des sacrements, la résistance aux tentations, l'écoute de la Parole de Dieu, la méditation des vérités éternelles et autres moyens qui sont tous, sans aucun doute, très utiles, mais à quoi servent, je vous le demande, les méditations et tous les autres exercices indiqués par les maîtres spirituels sans la prière, alors que le Seigneur a déclaré qu'il ne veut accorder ses grâces qu'à ceux qui prient ? « Demandez et vous recevrez ! ». Sans la prière, selon la conduite ordinaire de la Providence, toutes nos méditations, résolutions et promesses resteront inutiles. Si nous ne prions pas, nous serons toujours infidèles à toutes les lumières reçues de Dieu et à toutes les promesses que nous aurons faites. La raison en est que, pour faire à chaque instant le bien, pour vaincre les tentations, pratiquer les vertus, bref pour observer les commandements et conseils divins, il ne suffit pas des lumières reçues, ni des réflexions faites et des résolutions prises, mais il y faut de plus le secours actuel de Dieu. Or, ce secours actuel, comme nous le verrons, Dieu ne l'accorde qu'à ceux qui prient et qui prient avec persévérance. Les lumières reçues, les réflexions faites et les résolutions prises servent à ceci que dans les dangers et tentations de manquer à la loi de Dieu, nous recourions actuellement à la prière et obtenions la grâce qui nous préserve du péché, tandis que, si alors nous négligions de prier, nous serions perdus.

J'ai voulu, cher lecteur, vous révéler d'emblée ma pensée sur ce que je vais écrire, en sorte que vous rendiez grâce au Seigneur qui, par ce petit livre, vous offre la grâce d'une réflexion plus approfondie sur l'importance de ce grand moyen de la Prière, puisque tous ceux qui font leur salut (s'agissant des adultes) ne se sauvent ordinairement que par cet unique moyen. C'est pourquoi je dis : rendez grâce à Dieu, car c'est une grande miséricorde qu'il fait de donner lumière et grâce pour prier. J'espère que vous, frère bien-aimé, après avoir lu ce petit livre, vous ne négligerez plus désormais de recourir toujours à Dieu par la prière, quand vous serez tenté de l'offenser. Si jamais, de par le passé, votre conscience s'est trouvée chargée de nombreux péchés, reconnaissez que telle en fut la raison : la négligence à prier, à chercher près de Dieu le secours pour résister aux tentations qui vous assaillaient. Je vous prie donc de lire et relire attentivement cet ouvrage, non parce que c'est mon œuvre, mais parce que c'est un moyen que le Seigneur vous offre pour votre salut éternel et qu'il vous donne à comprendre par là, d'une manière toute spéciale, qu'il veut vous sauver. Après l'avoir lu, je vous prie de le faire lire à d'autres (selon que vous le pourrez), amis ou relations, avec qui vous aurez l'occasion de parler. Maintenant, commençons au nom du Seigneur !

L'Apôtre Paul écrivait à Timothée : « Je recommande donc, avant tout, qu'on fasse des demandes,

des prières, des supplications, des Actions de grâces… » (1 Tm 2, 1). Saint Thomas explique que la prière est proprement l'élévation de l'âme vers Dieu. Quand la prière demande des choses précises, on l'appelle justement demande ; si elle vise des choses indéterminées (comme par exemple lorsque nous disons : Seigneur, viens à mon aide), on l'appelle supplication. Quant à l'obsécration, c'est une pieuse adjuration ou objurgation pour obtenir la grâce, comme quand nous disons : « Par ta Croix et ta Passion, délivre-nous, Seigneur ! » Enfin, l'Action de grâces est le remerciement pour les bienfaits reçus. « Par quoi, dit saint Thomas, nous méritons d'en recevoir de plus grands ». Au sens restreint, dit le saint Docteur, la prière est le recours à Dieu, mais pris en général, elle inclut tous les autres aspects que nous venons d'indiquer, et c'est ainsi que nous l'entendrons chaque fois que nous emploierons par la suite ce mot de prière.

Pour nous affectionner vraiment à ce grand moyen de notre salut qu'est la Prière, il faut avant tout considérer combien elle nous est nécessaire et combien elle est efficace pour nous obtenir de Dieu les grâces que nous désirons, si nous savons les demander comme il faut. Nous parlerons donc, dans cette première partie, de la nécessité et de la valeur de la prière, et puis des conditions pour qu'elle soit efficace auprès de Dieu. Ensuite, dans la seconde partie, nous démontrerons que la grâce de la Prière est donnée à tous ; nous traiterons là aussi de la manière ordinaire dont agit la grâce.

CHAPITRE I. NÉCESSITÉ DE LA PRIÈRE.

Ce fut déjà une erreur des Pélagiens de prétendre que la prière n'est pas nécessaire pour parvenir au salut. L'impie Pélage, leur maître, disait que : « L'homme ne se perd que pour autant qu'il néglige d'apprendre les vérités qu'il est nécessaire de connaître ». Mais chose curieuse, disait saint Augustin, « Pélage dispute de tout plutôt que de la prière ». Pélage voulait traiter de tout, sauf de la prière qui est l'unique moyen, comme le pensait et l'enseignait le saint Docteur, d'acquérir la science des saints, selon ce que saint Jacques écrivait : « Si l'un de vous manque de sagesse, qu'il la demande à Dieu ; il donne à tous généreusement, sans récriminer ». (Jc 1, 5).

Les textes de la Sainte Écriture, qui nous montrent la nécessité où nous sommes de prier, si nous voulons assurer notre salut sont trop clairs : « Il leur fallait prier sans cesse, et ne pas se décourager »

(Lc 18,1). « Veillez et priez pour ne pas entrer en tentation » (Mt 26, 41). « Demandez et l'on vous donnera » (Mt 7, 7).

Ces termes : « Il faut Priez, Demandez », selon l'opinion commune des théologiens, impliquent un commandement, une obligation. Pour Wiclef, ces termes n'étaient pas à entendre de la prière, mais uniquement de la nécessité des bonnes œuvres. D'après lui, prier n'était rien d'autre que bien agir. Ce fut là de sa part une erreur et il fut condamné expressément par l'Église. Aussi le savant Léonard Lessius a-t-il écrit qu'on ne pouvait nier sans errer dans la foi que la prière soit nécessaire aux adultes pour faire leur salut, car il est évident que, selon les Saintes Écritures, la prière est l'unique moyen d'obtenir les secours nécessaires au salut : « Il faut, dit-il, tenir comme de foi, que la prière est nécessaire aux adultes pour leur salut, ainsi qu'il ressort des Saintes Écritures, parce que la prière est le moyen sans lequel on ne peut obtenir le secours nécessaire au salut ».

La raison en est claire. Sans le secours de la grâce, nous ne pouvons faire aucun bien : « Hors de moi vous ne pouvez rien faire » (Jn 15, 5). Saint Augustin note à propos de cette phrase que Jésus n'a pas dit : « Vous ne pouvez rien parfaire, mais rien faire » 3. Notre Sauveur nous donne ainsi à entendre que, sans la grâce, nous ne pouvons même pas commencer à faire le bien. L'Apôtre Paul va jusqu'à écrire que de nous-mêmes nous ne pouvons même pas en avoir le désir : « Et si nous avons tant d'assurance devant Dieu grâce au Christ, ce n'est pas à cause d'une capacité personnelle dont nous pourrions nous attribuer le mérite. Notre capacité vient de Dieu » (2 Co 3, 5). Si donc nous ne pouvons même pas penser au bien, encore moins pouvons-nous le désirer. Beaucoup d'autres textes de la Sainte Écriture expriment la même idée : « C'est le même Dieu qui opère tout en tous » (1 Co 12,6). « Je ferai que vous marchiez selon mes lois et que vous observiez et pratiquiez mes coutumes » (Ez 36, 27). Aussi saint Léon Ier a-t-il pu écrire : « L'homme ne fait aucun bien sans que Dieu lui donne de le faire ». Nous ne faisons aucun bien en dehors de celui que Dieu nous fait réaliser par sa grâce. Aussi le Concile de Trente a-t-il déclaré dans sa sixième Session, can.3 : « Si quelqu'un dit que, sans l'inspiration prévenante et l'aide du Saint-Esprit, l'homme peut croire, espérer, aimer, ou se repentir comme il faut, pour que la grâce de la justification lui soit accordée, qu'il soit anathème ».

L'Auteur de l'Ouvrage Imparfait dit, à propos des animaux, que le Seigneur a donné aux uns la faculté de courir, à d'autres des griffes, à d'autres des ailes, pour qu'ils puissent ainsi préserver leur vie, mais ensuite il a formé l'homme de telle manière que Dieu seul soit toute sa force. Ainsi l'homme est de fait complètement incapable d'assurer par lui-même son salut, parce que Dieu a voulu que tout ce que l'homme a et peut avoir, il le reçoive du seul secours de sa grâce.

Mais, ce secours de la grâce, le Seigneur, selon sa Providence ordinaire, ne l'accorde qu'à ceux qui prient, selon la célèbre formule de Gennade : « Nous croyons que personne n'aspire au salut sans y être appelé par Dieu ; aucun appelé ne fait concrètement son salut sans y être aidé par Dieu ; personne n'obtient cette aide si ce n'est pas la prière ». Si donc sans le secours de la grâce nous ne pouvons rien ; si, par ailleurs, Dieu ne donne ordinairement ce secours qu'à ceux qui prient, n'est-il pas clair, en conséquence, que la prière nous est absolument nécessaire pour le salut ? Il est vrai que les premières grâces qui nous viennent sans aucune coopération de notre part, comme l'appel à la foi ou à la pénitence, Dieu les accorde, selon saint Augustin, même à ceux qui ne prient pas, mais le saint n'en tient pas moins pour certain que les autres grâces (spécialement le don de la persévérance) ne sont accordées qu'à ceux qui prient : « Il y a des grâces, cela est certain, que Dieu a préparées à ceux-là mêmes qui ne les demandent pas, comme le commencement de la foi, mais d'autres qu'il réserve à ceux qui les demandent comme la persévérance finale ». De là vient que les théologiens enseignent communément avec saint Basile, saint Jean Chrysostome, Clément d'Alexandrie et d'autres, comme le même saint Augustin, que la prière est nécessaire aux adultes, non seulement de nécessité de « précepte », comme nous l'avons vu, mais de nécessité de « moyens ». Cela veut dire que, selon la providence ordinaire, il est impossible qu'un fidèle, sans se recommander à Dieu et sans lui demander les grâces nécessaires au salut, puisse se sauver. Saint Thomas enseigne la même chose : « Après le baptême, pour que l'homme entre au ciel, la prière continuelle lui est nécessaire. Sans doute, par le baptême, les péchés sont remis ; pourtant, il reste le foyer de concupiscence qui nous combat à l'intérieur, et le monde et les démons qui luttent contre nous de l'extérieur ». La raison donc qui convainc, selon le Docteur Angélique, où nous sommes de prier, la voici en bref : pour faire notre salut nous devons lutter et vaincre ; « L'athlète ne reçoit la couronne que s'il a lutté selon les règles » (2 Tm 2, 5). Mais, sans le secours divin, nous sommes incapables de résister aux attaques d'ennemis si nombreux et si puissants. Or, ce secours divin ne s'obtient que par la prière.

Donc, sans la prière pas de salut possible. Que la prière soit l'unique moyen ordinaire de recevoir les grâces de Dieu, le même saint Docteur le confirme plus nettement encore dans un autre passage : selon lui toutes les grâces que le Seigneur a résolu éternellement de nous accorder, il ne veut nous les donner que par la prière. Saint Grégoire écrit de même : « Par leurs demandes les hommes méritent de recevoir ce que le Dieu tout-puissant a dès toujours résolu de leur donner ». Ce n'est pas, dit saint Thomas qu'il soit nécessaire de prier afin que Dieu connaisse nos besoins, mais afin que nous comprenions, nous, la nécessité où nous sommes de recourir à Dieu pour recevoir de lui les secours nécessaires à notre salut, et qu'ainsi nous le reconnaissions comme l'unique auteur de tous nos biens. Ce sont les paroles de saint Thomas : « C'est pour nous faire entendre à nous-mêmes qu'en pareil cas on doit recourir au secours de Dieu », « et nous faire reconnaître en Lui l'auteur de nos biens ». De même que le Seigneur a fixé que nous nous procurions du pain en semant du blé, et du vin en plantant des vignes, ainsi a-t-il voulu que nous recevions par le moyen de la prière les grâces nécessaires au salut : « Demandez et l'on vous donnera, cherchez et vous trouverez » (Mt 7,7). Bref, nous ne sommes que de pauvres mendiants, qui n'avons rien d'autre que ce que Dieu nous donne en aumône : « Je ne suis qu'un pauvre et un mendiant » (Ps 40 (39) 18). Le Seigneur, dit saint Augustin, désire et veut nous dispenser ses grâces, mais il ne veut les donner qu'à ceux qui les lui demandent : « Dieu veut donner, mais il ne donne qu'à celui qui demande ». N'a-t-il pas affirmé : « Demandez et l'on vous donnera ? » Oui, cherchez et vous recevrez ! Donc, conclut sainte Thérèse, qui ne cherche pas ne reçoit pas. Comme la sève est nécessaire pour que les plantes vivent et ne se dessèchent pas, ainsi dit saint Jean Chrysostome, la prière est nécessaire à notre salut. Ce même saint dit ailleurs : Comme l'âme donne la vie au corps, ainsi la prière maintient l'âme en vie : « De même que le corps ne peut vivre sans l'âme, ainsi sans la prière l'âme est morte et sent mauvais ».« Elle sent mauvais », parce que celui qui néglige de se recommander à Dieu commence aussitôt à puer le péché. La prière est aussi appelée nourriture de l'âme ; parce que le corps ne peut se soutenir sans nourriture, et de même, dit saint Augustin, l'âme ne peut se conserver en vie sans la prière. « De même que le corps se nourrit d'aliments, ainsi l'homme se nourrit de prières ». Toutes ces comparaisons employées par les Saints Pères nous montrent bien l'absolue nécessité où nous sommes tous, selon eux, de prier pour faire notre salut. La prière est en outre l'arme la plus nécessaire pour nous défendre contre nos ennemis ; celui qui n'y recourt pas, dit saint Thomas, est perdu.

Adam est tombé, assure le saint Docteur, parce qu'il ne s'est pas recommandé à Dieu au moment de la tentation : « Il a péché parce qu'il n'eut pas recours au secours divin ». Parlant des Anges rebelles, Gélase écrit de même : « Recevant la grâce de Dieu, c'est en vain qu'ils l'ont reçue, car ne priant pas ils ne purent tenir bon ». Saint Charles Borromée observe dans une de ses Lettres Pastorales, qu'entre tous les moyens que Jésus Christ nous a recommandés dans l'Évangile, il a donné la première place à la prière ; en cela il a voulu que son Église et sa Religion se distinguent des Sectes ; il a voulu qu'on l'appelle spécialement « Maison de Prière » : « Ma maison sera appelée une maison de prière » (Mt 21, 13). Le saint évêque conclut dans sa Lettre : « Toutes les vertus trouvent dans la prière leur origine, leur croissance et leur couronnement ». Si bien que dans les ténèbres, les misères et les dangers dans lesquels nous nous trouvons, nous n'avons pas d'autre ressource pour fonder nos espérances, que de lever les yeux vers Dieu et, par nos prières, d'implorer de sa miséricorde notre salut. « Nous, nous ne savons que faire, disait le roi Josaphat, aussi est-ce sur toi que se portent nos regards » (2 Ch 20, 12). C'était aussi la façon d'agir du roi David : il ne voyait aucun autre moyen, pour ne pas être la proie de ses ennemis, que de prier sans cesse le Seigneur de le délivrer de leurs pièges : « Mes yeux sont fixés sur Yahvé car il tire mes pieds du lacet » (Ps 25 (24), 15). Aussi ne faisait-il que prier en disant : « Tourne-toi vers moi, pitié pour moi, solitaire et malheureux que je suis » (Ps 25 (24), 16). « Je t'appelle, sauve-moi afin que j'observe tes commandements » (Ps 119 (118), 146). Seigneur, tourne tes yeux vers moi, aie pitié de moi et sauve-moi : de moi-même je ne peux rien et je n'ai personne en-dehors de toi qui puisse m'aider ! Et, de fait, comment pourrions-nous jamais résister aux attaques de nos multiples ennemis et observer les commandements de Dieu, spécialement après le péché de notre premier père, Adam, qui nous a rendus si faibles et si infirmes, si nous n'avions pas la prière, grâce à laquelle nous pouvons demander au Seigneur la lumière et la force suffisantes pour les observer ? Luther proféra un blasphème lorsqu'il dit qu'après le péché d'Adam, l'observation de la loi de Dieu est devenue absolument impossible aux hommes. Jansénius disait, de son côté, que l'accomplissement de certains préceptes était impossible même aux justes, eu égard à leurs forces actuelles. Sa proposition aurait pu, à la rigueur, s'entendre dans un sens acceptable, mais elle fut avec raison condamnée par l'Église compte tenu de ce qu'il ajoutait : « Il leur manque aussi la grâce qui rend possible de les accomplir ». Il est vrai, dit saint Augustin, que l'homme, par suite de sa faiblesse, ne peut observer certains commandements avec ses forces présentes et avec la grâce ordinaire ou commune à. tous, mais il peut fort bien obtenir par la prière le secours plus puissant nécessaire pour les observer. « Dieu, bien sûr, ne commande pas l'impossible, mais par ses commandements, il nous engage à faire notre possible et à le prier pour ce qui dépasse nos possibilités et il t'aide à pouvoir ». Ce texte du saint est célèbre ; il fut adopté par le Concile de Trente qui en fit un dogme de foi. Et le saint Docteur, pour répondre à la question : comment l'homme peut-il faire ce qu'il ne peut pas, ajoute aussitôt : « Voyons maintenant (pourquoi) grâce à un remède, il pourra accomplir ce dont un défaut de nature le rend incapable ». Il veut dire que nous trouvons dans la prière un remède à notre faiblesse : car lorsque nous prions, Dieu nous donne la force de faire ce que de nous-mêmes nous ne pourrions pas. Il n'est pas croyable, continue saint Augustin, que le Seigneur ait voulu nous imposer d'observer la loi et qu'ensuite il nous ait imposé une loi impossible. Aussi, ajoute le saint, lorsque Dieu nous fait prendre conscience de notre impuissance à observer tous ces préceptes, il nous avertit de faire les choses faciles avec la grâce ordinaire qu'il nous donne, et puis les choses difficiles avec le secours plus puissant que nous pouvons obtenir par le moyen de la prière : « D'où cette croyance très solide que le Dieu juste et bon n'a pas pu nous prescrire des choses impossibles. Par là, on nous rappelle et ce que nous avons à faire dans les choses faciles et ce que nous avons à demander dans les choses difficiles ». Mais, objectera quelqu'un, pourquoi Dieu nous a-t-il imposé des choses au-dessus de nos forces ? Précisément, répond le saint, pour que nous nous appliquions à obtenir par la prière le secours nécessaire pour faire ce que de nous-mêmes nous ne pouvons pas : « Mais justement, il nous ordonne des choses dont nous ne sommes pas capables, pour que nous sachions ce que nous devons lui demander ».

Et ailleurs : « La loi nous a été donnée pour que nous demandions la grâce ; la grâce nous est donnée pour que nous observions la loi ». La loi ne peut pas être observée sans la grâce et Dieu a donné la loi précisément pour que nous le suppliions sans cesse de nous accorder la grâce nécessaire. Il dit ailleurs : « La loi est bonne, si on l'utilise comme il faut. Mais qu'est-ce qu'utiliser la loi comme il faut ? ». Et il répond : « La loi fait connaître le mal et chercher le secours divin pour la guérison ». La loi doit donc nous servir, dit saint Augustin, mais à quoi ? À nous faire prendre conscience par son impossibilité même de notre impuissance à l'observer, afin que nous demandions alors par la prière le secours de Dieu qui remédie à notre faiblesse. Saint Bernard écrit de même : « Mais qui sommes-nous et quelle est notre vaillance, pour pouvoir résister à de si multiples tentations ? C'est précisément à cette prise de conscience que Dieu cherchait à nous amener... pour que, en constatant notre déficience et en sachant qu'il n'est pour nous point d'autre secours, nous nous précipitions en toute humilité vers sa miséricorde ». Le Seigneur sait combien la nécessité de la prière nous est utile pour nous maintenir dans l'humilité et exercer notre confiance ; c'est pourquoi il permet que nous assaillent des ennemis que nous ne pouvons pas vaincre par nos propres forces, afin que, par la prière, nous obtenions de sa miséricorde le secours pour résister. Notons tout particulièrement que personne ne peut maîtriser les tentations impures de la chair, s'il ne se recommande à Dieu, quand il est tenté. Cette ennemie-là est si terrible que, lorsqu'elle nous attaque, elle nous enlève presque toute lumière ; elle nous fait oublier toutes les méditations et les bonnes résolutions ; elle nous fait mépriser même les vérités de la foi et presque perdre toute crainte des châtiments divins. Il faut dire qu'elle s'allie au penchant naturel qui nous incline avec une extrême violence aux plaisirs des sens. Alors qui ne recourt pas à Dieu est perdu. La seule défense contre cette tentation, c'est la prière, dit saint Grégoire de Nysse : « La prière est la sauvegarde de la pureté ». Salomon l'avait déjà dit : « Comprenant que je ne pourrais devenir possesseur de la Sagesse (continence) que si Dieu me la donnait… Je m'adressai au Seigneur et le priai » (Sg 8, 21). La chasteté est une vertu que nous n'avons pas la force de pratiquer, si Dieu ne nous l'accorde pas, et Dieu ne la donne qu'à ceux qui la lui demandent. Mais celui qui la demande l'obtiendra certainement. C'est pourquoi saint Thomas enseigne par avance contre Jansénius : nous ne devons pas dire que la vertu de chasteté ou tout autre commandement nous est impossible, car bien que nous ne puissions pas l'observer par nos propres forces, nous le pouvons cependant avec l'aide de Dieu : « Ce que nous pouvons avec l'aide de Dieu, ne nous est pas absolument impossible ». Ne dites pas, il semble déraisonnable de commander à un boiteux de marcher droit. Non, répond saint Augustin, ce n'est pas déraisonnable, à condition de lui donner le moyen de se procurer le remède qui va corriger son infirmité ; par conséquent, s'il continue à marcher de travers, c'est de sa faute : « Il a été prescrit à l'homme de marcher droit, afin que, lorsqu'il aura vu clairement son incapacité à le faire, il demande le remède, celui qui guérit la claudication du péché ». Bref, dit le même saint Docteur, il ne saura jamais bien vivre, celui qui ne saura pas bien prier : « Celui-là sait bien vivre, qui sait bien prier ». Au contraire, saint François d'Assise disait qu'on ne peut jamais espérer voir aucun bon fruit d'une âme sans la prière. C'est donc à tort qu'ils cherchent des excuses, ces pécheurs qui disent : nous n'avons pas la force de résister aux tentations. Mais réplique saint Jacques, si vous n'avez pas cette force, pourquoi ne la demandez-vous pas ? Vous ne l'avez pas parce que vous ne cherchez pas à l'avoir : « Vous ne possédez pas parce que vous ne demandez pas » (Jc 4, 2). Il est bien certain que nous sommes trop faibles pour repousser les assauts de nos ennemis, mais il est également certain que Dieu est fidèle, comme dit l'Apôtre Paul, et il ne permet pas que nous soyons tentés au-delà de nos forces : « Dieu est fidèle ; il ne permettra pas que vous soyez tentés au-delà de vos forces, mais avec la tentation, il vous donnera le moyen d'en sortir et la force de la supporter » (1 Co 10, 13). Primasius commente : « Par le secours de sa grâce, Dieu vous rendra capables de résister à la tentation ». Nous sommes faibles, mais Dieu est fort. Quand nous lui demandons du secours, il nous communique sa force. Alors, nous pourrons tout, comme le promettait très justement le même Apôtre Paul : « Je puis tout en celui qui me rend fort » (Ph 4, 13). Celui qui tombe n'a donc pas d'excuse, dit saint Jean Chrysostome, parce qu'il néglige de prier ; s'il avait prié, il n'aurait pas été vaincu par ses ennemis : « Celui-là n'aura pas d'excuse qui n'aura pas voulu vaincre l'ennemi, puisqu'il a cessé de prier ». Un doute survient ici : Est-il nécessaire de recourir aussi à l'intercession des saints pour obtenir les grâces de Dieu ? Pour autant qu'on veuille dire qu'il soit permis et utile d'invoquer les saints comme intercesseurs pour nous obtenir, par les mérites de Jésus Christ, ce que nous ne sommes pas dignes d'obtenir à cause de nos démérites, telle est bien, comme l'a déclaré le Concile de Trente, la doctrine de l'Eglise : « Il est bon et utile de les (saints) invoquer humblement et, pour obtenir des bienfaits de Dieu par son Fils Notre Seigneur Jésus Christ..., de recourir à leurs prières, à leur aide et à leur assistance ». L'impie Calvin condamnait cette invocation des saints, mais de façon très arbitraire. Il est licite et profitable d'appeler à notre secours les saints vivants et de les supplier de nous assister de leurs prières. Ainsi faisait le prophète Baruch qui disait : « Priez aussi pour nous le Seigneur notre Dieu » (Ba 1, 13). Ainsi faisait aussi saint Paul : « Frères, priez, vous aussi, pour nous » (1 Th 5, 25). Dieu lui-même voulut que les amis de Job se recommandent aux prières de celui-ci afin que par ses mérites le Seigneur leur soit favorable : « Allez vers mon serviteur Job... Mon serviteur Job priera pour vous. J'aurai égard à lui et ne vous infligerai pas ma disgrâce » (Jb 42, 8). Si donc il est permis de se recommander aux vivants, pourquoi ne le serait-il pas d'invoquer les saints qui, de plus près encore, jouissent de l'intimité de Dieu dans le ciel ? Ce n'est pas déroger à l'honneur que l'on doit à Dieu mais le redoubler, comme le fait d'honorer le roi non seulement dans sa personne mais aussi dans ses serviteurs. Aussi saint Thomas juge-t-il qu'il est bon de recourir à de nombreux saints :

« Parce qu'on obtient quelquefois par les prières de plusieurs ce que l'on n'obtient pas par la prière d'un seul ». Si quelqu'un objecte : Mais à quoi sert de recourir aux saints pour qu'ils prient pour nous, alors qu'ils le font déjà pour tous ceux qui en sont dignes ? Le même saint Docteur répond que tel ne serait pas déjà digne que les saints prient pour lui, « qui le devient du fait qu'il recourt à un saint avec dévotion ». Autre sujet de controverse : Y a-t-il lieu de se recommander aux âmes du Purgatoire ? Certains répondent qu'elles ne peuvent pas prier pour nous. Ils s'appuient sur l'autorité de saint Thomas pour qui ces âmes, se purifiant au milieu des souffrances, nous sont inférieures et, de ce fait, elles ne sont point « intercesseurs, mais bien plutôt des gens pour qui l'on prie ».

Cependant beaucoup d'autres docteurs, tels que Bellarmin, Sylvius, le Cardinal Gotti, etc... affirment le contraire comme très probable : on doit pieusement croire que Dieu leur fait connaître nos prières afin que ces saintes âmes prient pour nous, en sorte qu'il se fasse entre elles et nous un bel échange de charité : nous prions pour elles et elles prient pour nous. Ce qu'a écrit le DocteurAngélique, à savoir qu'elles ne sont pas en situation de prier, n'est pas absolument contraire à cette dernière opinion, comme le font remarquer Sylvius et Gotti : autre chose, en effet, est de ne pas être à même de prier par situation et autre chose de ne pas pouvoir prier. Ces saintes âmes ne sont pas habilitées à prier de par leur situation, c'est vrai, parce que, comme dit saint Thomas, elles sont là en train de souffrir, elles sont inférieures à nous et elles ont besoin au plus vite de nos prières. Elles peuvent pourtant fort bien prier pour nous parce que ce sont des âmes amies de Dieu. Si un père qui aime tendrement son fils le tient enfermé pour le punir de quelque faute, ce fils n'est plus alors en situation de prier pour lui-même, mais pourquoi ne pourrait-il pas prier pour les autres et espérer obtenir ce qu'il demande en vertu de l'affection que lui porte son père ? De même les âmes du Purgatoire sont très aimées de Dieu et confirmées en grâce. Rien ne peut leur interdire de prier pour nous. L'Église, c'est vrai, n'a pas coutume de les invoquer et d'implorer leur intercession, parce qu'ordinairement elles ne connaissent pas nos demandes. Mais l'on peut croire pieusement (comme on l'a dit) que le Seigneur leur fait connaître nos prières. Alors, elles qui sont remplies de charité, ne manquent certainement pas de prier pour nous. Quand sainte Catherine de Bologne désirait quelque grâce, elle recourait aux âmes du Purgatoire, et elle se voyait vite exaucée. Elle certifiait que beaucoup de grâces qu'elle n'avait pas obtenues par l'intercession des saints, elle les avait ensuite reçues par l'intercession des âmes du Purgatoire. Que l'on me permette de faire une digression au bénéfice de ces saintes âmes. Si nous voulons obtenir le secours de leurs prières, il est bon que nous-mêmes nous nous efforcions de les secourir par nos prières et nos œuvres. J'ai dit : il est bon, mais il faut ajouter que c'est là une obligation chrétienne : la charité nous demande, en effet, de secourir le prochain chaque fois qu'il a besoin d'être aidé et que nous pouvons le faire sans que cela nous pèse beaucoup. Or, il est certain que les âmes du Purgatoire sont aussi notre prochain. Bien qu'elles ne soient plus en ce monde, elles continuent pourtant de faire partie de la communion des Saints. « Car les âmes des justes à la mort, dit saint Augustin, ne sont pas séparées de l'Église ». Saint Thomas le déclare encore plus clairement : la charité qui est due aux défunts passés à l'autre vie en état de grâce est une extension de cette charité que nous devons à notre prochain d'ici-bas : « Le lien de la charité qui unit entre eux les membres de l'Église n'embrasse pas seulement les vivants, mais aussi les morts qui ont quitté ce monde en état de charité ». Nous devons donc secourir, dans toute la mesure du possible, ces saintes âmes : elles sont aussi notre prochain : et même leurs besoins étant encore plus grands que ceux de notre prochain d'ici-bas, il semble donc que, sous ce rapport, soit encore plus grand notre devoir de leur venir en aide. Or, en quelle nécessité se retrouvent ces saintes prisonnières ? Il est certain que leurs peines sont immenses. Le feu qui les consume, dit saint Augustin, est plus douloureux que toutes les souffrances qui nous puissent affliger en cette vie. « Plus douloureux est ce feu que tout ce que l'on peut avoir à souffrir en cette vie ». Saint Thomas est du même avis et il ajoute que ce feu est identique à celui de l'Enfer. « C'est par le même feu qu'est tourmenté le damné et purifié l'élu ».

Ceci concerne la peine du sens, mais beaucoup plus grande encore est la peine du dam, c'est-à-dire la privation de la vue de Dieu pour ses saintes épouses. Non seulement l'amour naturel mais aussi l'amour surnaturel, dont elles brûlent pour Dieu, poussent ces âmes avec une grande force à vouloir s'unir à leur souverain bien. S'en voyant empêchées par leurs fautes, elles en éprouvent une douleur très amère. Si elles pouvaient mourir, elles en mourraient à chaque instant. Selon saint Jean Chrysostome, cette privation de Dieu les fait souffrir infiniment plus que la peine du sens : « Mille feux de l'enfer réunis ne feraient pas autant souffrir que la seule peine du dam ». Ces saintes épouses préféreraient donc endurer tout autre supplice plutôt que d'être privées, un seul instant, de cette union tant désirée avec Dieu. C'est pourquoi, dit le Docteur Angélique, la souffrance du Purgatoire surpasse toutes les douleurs de cette vie : « Il faut que la peine du Purgatoire excède toute peine de cette vie ». Denis le Chartreux rapporte qu'un défunt, ressuscité par l'intercession de saint Jérôme, dit à saint Cyrille de Jérusalem que tous les tourments de cette terre ne sont que soulagement et délices à côté de la plus petite peine du Purgatoire : « Si l'on compare tous les tourments du monde à la plus petite peine du Purgatoire, ce sont des consolations ». Et il ajoute : « Si quelqu'un avait éprouvé ces souffrances, il préférerait endurer plutôt toutes les peines du monde, subies ou à subir par les hommes jusqu'au jugement dernier, que d'être soumis un seul jour à la plus petite des peines du Purgatoire ». Ce qui fait dire à saint Cyrille que ces peines sont les mêmes que celles de l'Enfer quant à leur intensité, la seule différence étant qu'elles ne sont pas éternelles. Les douleurs de ces âmes sont donc très grandes. D'autre part, elles ne peuvent pas se soulager elles-mêmes. Comme le dit Job : « Il les lie avec des chaînes, ils sont pris dans les liens de l'affliction » (Jb 36, 8). Ces saintes Reines sont déjà destinées à entrer dans le Royaume mais leur prise de possession est différée jusqu'au terme de leur purification. Elles ne peuvent pas réussir par elles-mêmes (au moins pleinement, si l'on veut accorder crédit à certains docteurs, selon qui ces âmes peuvent tout de même par leurs prières obtenir quelque soulagement) à se libérer de leurs chaînes, tant qu'elles n'ont pas pleinement satisfait à la justice divine. Un moine cistercien dit un jour, depuis le Purgatoire, au sacristain de son monastère : « Aidez-moi par vos prières, je vous en supplie, parce que de moi-même je ne peux rien obtenir ». Cela est conforme au mot de saint Bonaventure : « Leur état de mendicité les empêche de se libérer », c'est-à-dire que ces âmes sont si pauvres qu'elles n'ont pas de quoi acquitter leurs dettes.

Par contre, il est certain et même de foi que nous pouvons soulager ces saintes âmes par nos suffrages personnels et surtout par les prières recommandées dans l'Église. Je ne sais donc pas comment on peut excuser de péché celui qui néglige de les secourir tout au moins par ses prières. Si nous ne nous y décidons pas par devoir, que ce soit au moins à cause du plaisir que nous procurons à Jésus Christ : c'est avec joie qu'il nous voit nous appliquer à libérer ces chères âmes pour qu'il les ait avec lui en Paradis. Faisons-le aussi à cause des grands mérites que nous pouvons acquérir par notre acte de charité à leur égard ; en retour, elles nous sont très reconnaissantes et apprécient le grand bienfait que nous leur accordons, en les soulageant de leurs peines et en leur obtenant d'anticiper leur entrée dans la Gloire. Lorsqu'elles y seront parvenues, elles ne manqueront pas de prier pour nous. Si le Seigneur promet sa miséricorde à ceux qui se montrent miséricordieux envers leur prochain : « Heureux les miséricordieux car ils obtiendront miséricorde » (Mt 5, 7). Ils ont bonne raison d'espérer leur salut ceux qui s'appliquent à aider ces saintes âmes si affligées et si chères à Dieu. Jonathan, après avoir sauvé les Hébreux par sa victoire sur les ennemis fut condamné à mort par son père Saül pour avoir goûté du miel malgré sa défense, le peuple se présenta devant le roi et cria : « Est-ce que Jonathan va mourir, lui qui a opéré cette grande victoire en Israël ? » (1 S 14, 45). Ainsi devons-nous justement espérer que, si l'un d'entre nous obtient par ses prières qu'une âme sorte du Purgatoire et entre au Paradis, cette âme dira à Dieu : Seigneur, ne permettez pas que se perde celui qui m'a délivrée des tourments ! Et si Saül accorda la vie à Jonathan à cause des supplications du peuple, Dieu ne refusera pas le salut éternel à ce fidèle à cause des prières d'une âme, qui est son épouse. Bien plus, selon saint Augustin : Ceux qui auront, en cette vie, le plus secouru ces saintes âmes, Dieu fera en sorte, s'ils vont au Purgatoire, qu'ils soient davantage secourus par d'autres. Observons ici qu'en pratique c'est un puissant suffrage en faveur des âmes du Purgatoire que d'entendre la messe pour elles et de les y recommander à Dieu par les mérites de la passion de Jésus Christ : « Père éternel, je vous offre ce sacrifice du Corps et du Sang de Jésus Christ, avec toutes les souffrances qu'il a endurées durant sa vie et à sa mort ; et par les mérites de sa Passion, je vous recommande les âmes du Purgatoire, particulièrement, etc. » Et c'est aussi un acte de grande charité que de recommander aussi en même temps les âmes de tous les agonisants.

La question que nous nous sommes posée à propos des âmes du Purgatoire — à savoir si elles peuvent ou non prier pour nous et donc s'il est avantageux ou non de faire appel à leurs prières — ne se pose certainement pas pour les saints. On ne peut douter, en effet, qu'il ne soit très utile de recourir à leur intercession quand il s'agit de saints canonisés et qui jouissent déjà de la vision de Dieu. Croire que l'Église peut se tromper dans la canonisation des saints ne peut être exempt de faute ou d'hérésie, d'après saint Bonaventure, Bellarmin et d'autres, ou tout au moins d'une erreur proche de l'hérésie, d'après Suarez, Azor, Gotti, etc. En effet, dans la canonisation des saints tout spécialement, ainsi que l'enseigne le Docteur Angélique, le Souverain Pontife est guidé par l'inspiration infaillible du Saint Esprit.

Mais revenons au doute formulé plus haut : est-il de surcroît obligatoire de recourir à l'intercession des saints ? Je ne veux pas entreprendre de trancher ce cas, mais je ne peux omettre d'exposer l'opinion du Docteur Angélique. En plusieurs endroits cités plus haut et spécialement dans le Livre des Sentences, il tient pour certain que chacun est obligé de prier. En effet, affirme-t-il, on ne peut obtenir de Dieu les grâces nécessaires au salut autrement qu'en les demandant : « Chacun est tenu de prier par le fait même qu'il doit se procurer les biens spirituels, lesquels ne sont donnés que de source divine : on ne peut donc les obtenir autrement qu'en les demandant à Dieu ». Puis, dans un autre passage du même livre, le saint pose précisément la question : « Est-ce que nous devons prier les saints d'intercéder pour nous ? » Pour bien faire comprendre sa pensée, il nous faut citer le texte entier de sa réponse : « C'est une loi établie par Dieu, selon Denys, que les êtres les plus éloignés de Dieu soient ramenés à lui par les plus proches. Or, les saints du ciel sont toujours près de Dieu ; nous, au contraire, aussi longtemps que nous habitons dans ce corps, nous sommes loin du Seigneur ; ils doivent donc nous servir d'intermédiaires. Ils jouent ce rôle lorsque la divine bonté se répand sur nous par eux ; et notre réponse doit suivre le même chemin. Ainsi donc, de même que c'est par le suffrage des saints que les bienfaits de Dieu descendent sur nous, c'est par eux que nous devons remonter à Dieu pour en recevoir de nouveaux bienfaits. C'est pour cette raison que nous constituons les saints nos intercesseurs auprès de Dieu et comme nos médiateurs lorsque nous leur demandons de prier pour nous ». Notons ces mots : « C'est une loi établie par Dieu » et aussi les derniers : « De même que c'est par le suffrage des saints que les bienfaits de Dieu descendent sur nous, c'est par eux que nous devons remonter à Dieu pour en recevoir de nouveaux bienfaits ». Ainsi donc, d'après saint Thomas, l'ordre de la loi divine exige que nous, mortels, nous fassions notre salut par l'intermédiaire des saints en recevant par eux les secours nécessaires. À l'objection qu'il se fait : Ne semble-t-il pas superflu de recourir aux saints, vu que Dieu est infiniment plus qu'eux miséricordieux et porté à nous exaucer ? Le Docteur Angélique répond : Dieu l'a voulu ainsi, non par un défaut de sa clémence, mais pour conserver l'ordre exact, universellement établi, d'agir par les causes secondes : « Ce n'est pas par un défaut de sa miséricorde, dit-il, mais pour que l'ordre établi soit respecté dans les choses ». S'appuyant sur l'autorité de saint Thomas, le Continuateur de Tournely écrit avec Sylvius : Bien que l'on ne doive prier que Dieu comme Auteur des grâces, nous sommes néanmoins tenus de recourir également à l'intercession des Saints, pour respecter l'ordre que le Seigneur a établi quant à notre salut, à savoir que les inférieurs fassent leur salut en implorant l'aide des supérieurs : « Nous sommes tenus par la loi naturelle d'observer cet ordre que Dieu a établi ; Dieu a fixé que les inférieurs parviendraient au salut en implorant l'aide des supérieurs ».

S'il en est ainsi des saints, à plus forte raison doit-il en être ainsi de l'intercession de la Divine Mère, dont les prières valent certainement auprès de Dieu plus que celles de tout le Paradis. Selon saint Thomas les saints peuvent sauver beaucoup d'âmes en proportion des mérites avec lesquels ils se sont acquis la grâce, mais Jésus Christ ainsi que sa mère ont mérité une si grande grâce qu'ils peuvent sauver tous les hommes : « Si un saint a une telle abondance de grâce qu'elle peut suffire au salut de beaucoup, c'est déjà une grande chose. S'il avait une telle abondance de grâce qu'elle suffise au salut de tous, ce serait le maximum : tel est le cas de Jésus Christ et de la Bienheureuse Vierge ». Saint Bernard a dit de Marie :

« Que par toi nous ayons accès auprès du Fils, ô bénie qui nous apporte la grâce, qui enfante la vie, qui est mère du salut : que par toi, il nous accueille Celui qui par toi nous a été donné (Is 9, 5) ». Ce qui revient à dire : de même que nous n'avons accès au Père que par le Fils, médiateur de justice, de même nous n'avons accès au Fils que par sa Mère, Médiatrice de grâce, qui nous obtient par son intercession les biens que Jésus Christ nous a mérités. Le même saint Bernard en conclut, dans un autre passage, que Marie a reçu de Dieu deux plénitudes de grâce : la première, l'Incarnation du Verbe éternel fait homme dans son chaste sein ; la seconde, la plénitude des grâces que nous recevons de Dieu par l'intermédiaire de cette divine Mère. Le saint ajoute : « Il a déposé en elle la plénitude de tout bien ; ainsi sommes-nous capables de comprendre que tout ce qu'il peut y avoir en nous, d'espérance, de grâce, de salut, émane de celle qui monte (Ct 8, 5), inondée de délices. C'est elle le jardin de délices que le divin aquilon, survenant soudain, n'a pas seulement effleuré de son souffle, mais traversé avec violence pour que se répandent partout les effluves de ses aromates (Ct 4, 12-16) — autrement dit les dons de la grâce —». Ainsi tous les bienfaits qui nous viennent du Seigneur nous les recevons tous par l'intercession de Marie. Et pourquoi cela ? Parce que, nous répond toujours saint Bernard, ainsi Dieu l'a voulu : « Telle est la volonté de Celui qui a voulu que nous ayons tout par Marie ».

Mais la raison la plus spécifique, nous la trouvons chez saint Augustin : Marie mérite à bon droit d'être appelée notre Mère parce qu'elle a coopéré par sa charité à nous faire naître, nous fidèles, à la vie de la grâce, comme membres de notre Chef Jésus Christ : « Mais elle l'est (Mère) de toute évidence de ses membres — et nous en sommes — car elle a coopéré par la charité, à la naissance dans l'Église, des fidèles qui sont les membres de ce Chef ». De même que Marie a coopéré par sa charité à la naissance spirituelle des fidèles, ainsi Dieu a voulu qu'elle coopère par son intercession à leur faire acquérir la vie de la grâce en ce monde et la vie de la gloire dans l'autre. C'est pourquoi la sainte Église la fait saluer en des termes exceptionnels et inouïs de Vie, Douceur et Espérance : « Notre Vie, notre Douceur et notre Espérance, Salut ! » Saint Bernard nous exhorte donc à recourir sans cesse à cette divine Mère, parce que ses prières sont certainement exaucées par son Fils : « Recours à Marie… Je n'hésite pas à l'affirmer : elle aussi sera exaucée en raison de son humble et libre soumission. Oui, le Fils exaucera sa Mère… Petits enfants, voilà l'échelle des pécheurs, voilà ma plus grande assurance, voilà toute la raison de mon espérance ». Le saint l'appelle Échelle, parce que, dans une échelle, on n'arrive au troisième échelon qu'en mettant d'abord le pied sur le second, et on n'arrive au second qu'en mettant le pied sur le premier ; de même, on n'arrive à Dieu que par Jésus Christ, et on n'arrive à Jésus Christ que par Marie. Il la nomme ensuite toute mon assurance et la raison de mon Espérance, parce que, affirme-t-il, Dieu veut que toutes ses grâces passent par les mains de Marie. Et de conclure : toutes les grâces que nous désirons, nous devons les demander par Marie ; elle nous obtient tout ce que nous voulons et ses prières ne peuvent pas être repoussées : « Recherchons la grâce et recherchons-la par Marie, car ce qu'elle cherche, elle le trouve (Mt 7, 7) et ne saurait en être privée ». Saint Ephrem parle dans le même sens : « Nous n'avons pas d'autre confiance que celle qui nous vient de toi, ô Vierge très fidèle ». Pareillement saint Ildephonse : « Tous les biens que la Suprême Majesté a fixé de leur accorder, elle a décidé de les remettre entre tes mains. À toi ont été confiés les trésors et splendeurs de la grâce ». Saint Germain : « Si tu nous abandonnes, ô Vie des chrétiens, que deviendrons-nous ? ». Saint Pierre Damien : « En tes mains sont tous les trésors des miséricordes de Dieu ». Saint Antonin : « Celui qui demande sans Marie essaie de voler sans aile ». Saint Bernardin de Sienne : « Tu es la dispensatrice de toutes les grâces ; notre salut est dans ta main ». Il soutient ailleurs que non seulement toutes les grâces nous viennent de Marie, mais qu'à partir du moment où la Bienheureuse Vierge devint Mère de Dieu, elle acquit une certaine juridiction sur toutes les grâces que nous recevons. « Par la Vierge Marie, les grâces vitales partant de la tête qui est le Christ sont diffusées dans tout son corps mystique. À partir du moment où la Vierge Mère conçut le Verbe de Dieu, elle obtint pour ainsi dire une certaine juridiction sur toutes les interventions du Saint Esprit en ce monde : personne n'obtient de Dieu la moindre grâce qui ne soit distribuée par sa pieuse Mère ». Et il conclut : « Tous les dons, vertus et grâces, sont donc dispensés par ses mains, à qui elle veut, quand elle veut et comme elle veut ». Saint Bonaventure écrit de même : « Comme la nature divine tout entière était présente en Marie, je ne crains pas de dire que celle-ci a obtenu une certaine juridiction dans toutes les distributions de grâces, et de son sein coulent, comme d'un océan de la divinité, les fleuves de toutes les grâces ». Beaucoup de théologiens, s'appuyant sur l'autorité de ces saints, ont donc défendu avec piété et à bon droit qu'aucune grâce ne nous est dispensée sinon par l'intercession de Marie. Telle est l'opinion de Vega, Mendoza, Paciucchelli, Segneri, Poiré, Crasset, et de beaucoup d'autres auteurs, ainsi que du savant Père Noël Alexandre qui a écrit : « Dieu veut que nous attendions de lui tous les biens par l'intercession très puissante de la Vierge Mère, quand nous l'invoquons comme il convient ». Et il avance à l'appui de son opinion le texte de saint Bernard cité plus haut : « Telle est la volonté de Celui qui a voulu que nous ayons tout par Marie ». Le Père Contenson, commentant les paroles que Jésus adressa du haut de la Croix à saint Jean : « Voici ta Mère », a cette glose : « C'est comme s'il disait : personne n'aura part à mon sang sinon par l'intercession de ma Mère. Mes plaies sont les sources des grâces, mais les ruisseaux n'en parviennent à personne sinon par le canal de Marie. Jean, mon disciple, dans la mesure où tu l'aimeras tu seras aimé de moi ». S'il est agréable à Dieu que nous recourions aux saints, à plus forte raison lui est-il agréable que nous recourions à l'intercession de Marie, afin qu'elle supplée par son mérite à notre indignité, comme le dit saint Anselme : « Afin que la dignité de l'intercesseur compense notre pauvreté. Nous adresser à la Vierge, ce n'est donc pas nous défier de la miséricorde de Dieu mais redouter notre propre indignité ». Cette dignité de Marie, saint Thomas la dit presque infinie : « La bienheureuse Vierge, selon qu'elle est Mère de Dieu, a en quelque sorte une dignité infinie ». On a donc raison de dire que les prières de Marie sont plus puissantes auprès de Dieu que les prières de tout le Paradis réuni.

Terminons ce premier point par une brève conclusion de tout ce que nous avons dit : celui qui prie se sauve certainement ; celui qui ne prie pas se damne certainement. Tous les élus du ciel, en dehors des enfants, se sont sauvés par la prière. Tous les damnés se sont perdus pour n'avoir pas prié. S'ils avaient prié, ils ne se seraient pas perdus. C'est et ce sera toujours leur plus grand désespoir dans l'enfer : avoir pu se sauver avec tant de facilité en demandant à Dieu ses grâces et n'être plus à même, les pauvres malheureux, de le faire maintenant !

CHAPITRE II. EFFICACITÉ DE LA PRIÈRE.

Nos prières sont si chères à Dieu qu'il a chargé les anges de les lui présenter, dès que nous les lui adressons ; « Les anges, dit saint Hilaire, président aux prières des fidèles et ils les offrent chaque jour à Dieu ». Telle est précisément la sainte fumée d'encens, c'est-à-dire les prières des saints, que saint Jean vit monter vers le Seigneur, offertes par les mains des anges (Ap 8, 3-4). Au chapitre 5, le saint Apôtre écrit encore que les prières des saints sont comme des coupes d'or, remplies de parfums suaves et très agréables à Dieu. Mais, pour mieux comprendre l'efficacité des prières près de Dieu, il suffit de lire dans les Saintes Écritures, dans l'Ancien et dans le Nouveau Testament, les innombrables promesses faites par Dieu à ceux qui le prient : « Invoque-moi et je te répondrai » (Jr 33, 3). « Invoque-moi, je te délivrerai » (Ps 50 (49), 15). « Demandez et l'on vous donnera ; cherchez et vous trouverez ; frappez et l'on vous ouvrira » (Mt 7, 7). « Combien plus votre Père qui est dans les cieux donnera-t-il de bonnes choses à ceux qui l'en prient » (Mt 7, 11). « Car quiconque demande reçoit, qui cherche trouve » (Lc 11,10). « Si deux d'entre vous, sur terre, unissent leurs voix pour demander quoi que ce soit, cela leur sera accordé par mon Père » (Mt 18, 19). « Tout ce que vous demanderez en priant, croyez que vous l'avez déjà reçu, et cela vous sera accordé » (Mc, 11, 24). « Si vous me demandez quelque chose en mon nom, je le ferai » (Jn 14, 14). « Si vous demeurez en moi... demandez ce que vous voudrez et vous l'aurez » (Jn 15, 7). « En vérité, en vérité, je vous le dis, ce que vous demanderez au Père, il vous le donnera en mon nom » (Jn 16, 23). Il y a mille autres textes semblables que, pour faire bref, nous omettons.

Dieu nous veut sauvés, mais il veut, pour notre plus grand bien, que nous le soyons en vainqueurs. Nous avons à mener ici-bas une guerre continuelle, et pour faire notre salut nous devons lutter et vaincre : « Personne ne pourra être couronné sans être vainqueur », dit saint Jean Chrysostome. Nous sommes très faibles, les ennemis sont nombreux et puissants. Comment pourrons-nous faire front et les dominer ? Prenons courage et que chacun dise comme l'Apôtre Paul : « Je puis tout en Celui qui me rend fort » (Ph 4, 13). Nous pourrons tout par la prière. Le Seigneur nous donnera par elle cette force que nous n'avons pas. Théodoret a écrit que la prière est toute puissante : « Elle est seule, mais elle peut tout ». Saint Bonaventure considère que la prière nous permet d'acquérir tous les biens et d'échapper à tous les maux : « Par elle on obtient tout bien, par elle on est délivré de tout mal ». Saint Laurent Justinien estime que, par la prière, nous nous bâtissons une tour solide où nous serons en sûreté, à l'abri de tous les pièges et de toutes les violences des ennemis : « Par l'exercice de la prière, l'homme se construit une forteresse ». Les puissances de l'Enfer sont fortes mais, dit saint Bernard, la prière est plus forte que tous les démons : « La prière l'emporte sur tous les démons ». Oui, parce que la prière nous obtient le secours de Dieu qui surpasse toutes les puissances créées. David s'encourageait lui-même au milieu de ses craintes : « J'invoque Yahvé, digne de louanges, et je suis sauvé de mes ennemis » (Ps 18 (17), 4). En un mot, dit saint Jean Chrysostome : « La prière est une armure, une protection, un port et un trésor ». La prière est une armure capable de résister à tous les assauts des démons ; elle est une protection qui nous met à l'abri de tous les dangers ; elle est un port où nous pouvons chercher refuge dans les tempêtes ; elle est en même temps un trésor qui nous comble de tous les biens.

Dieu, sachant le grand avantage qui résulte pour nous de la nécessité de la prière, permet (comme nous l'avons dit au chapitre Ier) que nous soyons assaillis par des ennemis, afin que nous lui demandions le secours qu'il nous offre et qu'il nous promet. Mais, autant il aime nous voir recourir à lui dans les dangers, autant il déteste nous voir négliger la prière. Saint Bonaventure emploie cette comparaison : le roi accuserait de trahison le capitaine qui, assiégé dans une place forte, ne l'appellerait pas à son aide : « Il serait considéré comme traître s'il n'attendait pas du secours de la part du roi ». De même, Dieu se juge trahi par celui qui, assailli par les tentations, ne recourt pas à lui pour obtenir de l'aide. Le Seigneur désire au contraire et attend qu'on lui demande cette aide pour l'accorder abondamment. C'est bien ce que déclara Isaïe, quand il dit de la part de Dieu au roi Achaz, qu'il ait à demander un signe pour être sûr du secours du Seigneur : « Demande un signe à Yahvé ton Dieu » (Is 7, 11). « Je ne demanderai rien, répondit le roi impie, je ne tenterai pas Yahvé » (Is 7, 12). Non, je ne veux pas le demander parce que je ne veux pas tenter Dieu. Pourquoi fit-il une telle réponse ? Parce qu'il se fiait à ses propres forces pour vaincre les ennemis sans l'aide de Dieu. Mais le prophète lui en fit le reproche : « Écoutez donc, maison de David, est-ce trop peu pour vous de lasser les hommes que vous lassiez aussi mon Dieu ? » (Is 7, 13). Que nous signifiait-il par là ? Que c'est blesser Dieu et lui faire injure de ne pas lui demander les grâces qu'il nous offre. « Venez à moi, vous tous qui peinez et ployez sous le fardeau, et moi je vous soulagerai » (Mt 11, 28). Mes pauvres enfants, dit le Sauveur, vous êtes assaillis par les ennemis, vous êtes accablés sous le poids de vos péchés ; ne perdez pas courage, recourez à moi par la prière, et je vous donnerai la force de résister, je porterai remède à tous vos maux. Il dit ailleurs par la bouche d'Isaïe : « Allons ! Discutons ! dit Yahvé. Quand vos péchés seraient comme l'écarlate, comme neige ils blanchiront » (Is 1, 18). Oui, recourez à moi et, bien que vos consciences soient très souillées, ne manquez pas de venir ! Et je vous permets de me blâmer (pour ainsi dire) si, lorsque vous aurez eu recours à moi, ma grâce ne vous rend pas blancs comme neige. Qu'est-ce que la prière ? Écoutons saint Jean Chrysostome : « La prière est l'ancre du salut, le trésor des pauvres... la guérison des maladies, la gardienne de la santé ». Oui, la prière est une ancre de salut pour qui est menacé de faire naufrage ; elle est un trésor immense de richesses pour le pauvre ; elle est un remède très efficace pour le malade ; elle est une protection sûre pour qui veut rester en bonne santé. Que fait la prière ? Écoutons saint Laurent Justinien : « Elle apaise Dieu, exauce les souhaits, triomphe des adversaires et change les humains ». La prière apaise la colère de Dieu, il pardonne à qui le prie avec humilité ; elle obtient par grâce tout ce que l'on demande ; elle vient à bout de toutes les forces ennemies, et, en somme, change les humains d'aveugles en clairvoyants, de faibles en forts, de pécheurs en saints. Qui a besoin de lumière, qu'il la demande à Dieu, elle lui sera donnée ! Aussitôt que j'ai eu recours au Seigneur, dit Salomon, il m'a communiqué la Sagesse : « J'ai prié et la Sagesse m'a été donnée » (Sg 7, 7). Qui a besoin de force, qu'il la demande à Dieu et elle lui sera donnée : « Dès que j'ai eu ouvert la bouche pour prier, dit David, j'ai reçu le secours du Seigneur : J'ouvre large ma bouche et j'ai attiré l'esprit... (Ps 119 (118), 131). Comment les saints martyrs ont-ils eu assez de force pour braver les tyrans, sinon par la prière qui leur a donné le courage de surmonter les tourments et d'affronter la mort ?

En vérité, dit saint Jean Chrysostome, qui se

munit de cette arme puissante de la prière, « ignore la mort, se détache de la terre, pénètre dans le ciel et vit avec Dieu ». Il ne tombe pas dans le péché ; il ne s'attache pas à la terre ; il établit déjà sa demeure dans le ciel et il commence à jouir dès cette vie de la conversation avec Dieu. Alors, à quoi bon s'inquiéter et dire : qui sait si Dieu me donnera la grâce efficace et la persévérance ? « N'entretenez aucun souci ; mais en tout besoin, recourez à l'oraison et à la prière, pénétrées d'Action de grâces, pour présenter vos requêtes à Dieu » (Ph 4, 6). À quoi sert, dit l'Apôtre Paul, de vous embarrasser dans ces angoisses et ces anxiétés ? Chassez loin de vous toutes ces préoccupations qui ne servent qu'à vous faire perdre la confiance et à vous rendre plus tièdes et plus lâches pour marcher sur la route du salut ! Priez, demandez sans cesse, adressez à Dieu vos prières, remerciez-le toujours des promesses qu'il vous a faites de vous accorder les dons après lesquels vous soupirez (à condition que vous les lui demandiez), la grâce efficace, la persévérance, le salut et tout ce que vous désirez. Le Seigneur vous a jetés dans la bataille pour y lutter contre des ennemis puissants, mais il est fidèle à ses promesses et il ne permet pas que nous soyons attaqués plus que nous ne pouvons résister : « Dieu est fidèle, il ne permettra pas que vous soyez tentés au-delà de vos forces » (1 Co 10, 13). Il est fidèle parce qu'il secourt sur le champ qui l'invoque. Le savant Cardinal Gotti écrit : Le Seigneur n'est pas tenu d'accorder toujours une grâce égale à la tentation ; mais, quand nous sommes tentés et que nous recourons à lui, il est obligé de nous fournir, au moyen de la grâce (qu'il tient toute prête et offre à tous), la force suffisante pour résister : « Lorsque nous sommes tentés et que nous recourons à lui, Dieu est tenu de nous donner, au moyen de la grâce préparée et offerte, les forces suffisantes qui nous permettront de résister effectivement. Nous pouvons tout, en effet, en celui qui nous fortifie par la grâce, si nous le lui demandons humblement ». Nous n'avons donc pas d'excuse si nous nous faisons vaincre par la tentation. Nous ne sommes vaincus que par notre faute : c'est que nous n'avons pas assez prié ! Par la prière on triomphe fort bien de tous les pièges et de toutes les attaques des ennemis : « Par la prière, tout ce qui pourrait nous nuire est mis en fuite », écrit saint Augustin.

Pour saint Bernardin de Sienne : la prière est une ambassadrice fidèle, bien connue du roi du ciel, admise à entrer jusque dans ses appartements. Par son insistance, elle amène l'esprit miséricordieux du roi à nous accorder tous les secours dont nous avons besoin, nous pauvres malheureux, qui gémissons au milieu de tant de combats et de misères, en cette vallée de larmes : « La prière est une ambassadrice très fidèle, connue du roi, habituée à entrer dans sa chambre, à fléchir son esprit miséricordieux et à obtenir du secours pour ceux qui sont en danger ». Isaïe nous affirme également : quand le Seigneur entend nos prières, il est aussitôt touché de compassion à notre égard ; il ne nous laisse pas beaucoup pleurer, mais il répond à l'instant même et nous accorde tout ce que nous lui demandons : « Tu n'auras plus à pleurer car il va te faire grâce à cause du cri que tu pousses ; dès qu'il l'entendra, il te répondra » (Is 30, 19). Dans un autre endroit, le Seigneur parle par la bouche de Jérémie ; il se plaint de nous en ces termes : « Ai je été un désert pour Israël, ou une terre ténébreuse ? Pourquoi mon peuple a-t-il dit : nous vagabondons, nous n'irons plus à toi ? (Jr 2, 31). Pourquoi, demande le Seigneur, dites-vous que vous ne voulez plus recourir à moi ? Peut-être ma miséricorde est-elle pour vous une terre stérile qui ne sait plus vous donner aucun fruit de grâce ? Ou une terre en sommeil qui ne produit que des fruits très tardifs ? Notre Seigneur tout aimant veut nous signifier par là qu'il ne manque jamais d'exaucer et sans retard nos prières. Il veut aussi blâmer ceux qui négligent de le prier, par crainte de n'être pas exaucés.

Si Dieu nous admettait à lui présenter nos requêtes une fois par mois, ce serait déjà une grande faveur. Les rois de la terre ne donnent que de rares audiences dans l'année, tandis que Dieu reçoit à tout moment. Saint Jean Chrysostome écrit que Dieu se tient toujours prêt à écouter nos prières. Il n'arrive jamais qu'il n'exauce pas ceux qui le prient, quand ils le font comme il faut : « Dieu est toujours prêt à écouter la voix de ses serviteurs ; jamais il n'a fait la sourde oreille quand on l'a appelé comme il faut ».

Il dit ailleurs : quand nous prions, avant même que nous ayons fini de lui exposer nos demandes, déjà il nous exauce : « On obtient toujours, alors même que l'on est encore en train de demander ». Nous en avons reçu la promesse de Dieu lui-même : « Ils parleront encore que j'aurai déjà entendu » (Is 65, 24). Le Seigneur, dit David, se tient près de tous ceux qui le prient, pour leur être agréable, les exaucer et les sauver : « Proche est Yahvé de ceux qui l'invoquent, de tous ceux qui l'invoquent en vérité » (c'est-à-dire comme il faut). « Le désir de ceux qui le craignent, il le fait, il entend leur cri et les sauve » (Ps 145 (144), 18-19). Moïse s'en félicitait : « Quelle est en effet la grande nation dont les dieux se fassent aussi proches que Yahvé notre Dieu l'est de nous chaque fois que nous l'invoquons » (Dt 4, 7). Les dieux païens restaient sourds à ceux qui les invoquaient parce qu'ils n'étaient que de pauvres créatures impuissantes ; mais notre Dieu tout puissant n'est pas sourd à nos prières ; il se tient près de ceux qui le prient, prompt à accorder toutes les grâces qu'on lui demande : « Alors mes ennemis reculeront le jour où j'appelle. Je le sais, Dieu est pour moi » (Ps 56 (55) 10). Seigneur, mon Dieu, disait le Psalmiste, j'ai reconnu que vous êtes toute Bonté et Miséricorde, en voyant que, chaque fois que je recours à vous, vous me secourez aussitôt. Nous sommes dépourvus de tout mais, si nous prions, nous ne sommes plus pauvres. Si nous sommes pauvres, Dieu est riche, et Dieu est extrêmement libéral, dit l'Apôtre Paul, envers ceux qui l'appellent au secours : « Riche envers tous ceux qui l'invoquent » (Rm 10, 12). Saint Augustin nous exhorte ainsi : Puisque nous avons à faire à un Seigneur d'une infinie puissance et richesse, ne lui demandons pas des choses insignifiantes et sans valeur mais quelque chose de précieux : « C'est le Tout-Puissant que vous sollicitez, demandez-lui quelque chose de grand ! ». Si quelqu'un demandait au roi une simple pièce de monnaie, un sou, ne semble-t-il pas qu'il lui ferait injure ? À l'inverse, nous faisons honneur à Dieu, à sa miséricorde et à sa libéralité, lorsque, malgré notre misère et notre indignité, nous sollicitons de lui de grandes faveurs, sûrs de sa bonté et de sa fidélité, lui qui a promis d'accorder à ceux qui le prient toutes les grâces demandées : « Demandez ce que vous voudrez et vous l'aurez ! » (Jn 15, 7). Sainte Marie-Madeleine de Pazzi disait : Le Seigneur se sent si honoré et éprouve une telle consolation lorsque nous lui demandons ses grâces, qu'il nous remercie en quelque sorte de lui offrir ainsi l'occasion de nous gratifier et de satisfaire le désir qu'il a de nous faire du bien à tous. Soyons même persuadés que lorsque nous sollicitons des grâces, le Seigneur nous donne toujours plus que nous demandons. « Si l'un de vous manque de sagesse qu'il la demande à Dieu, il donne à tous généreusement et sans récriminer » (Jc 1, 5). Saint Jacques s'exprime ainsi pour bien nous indiquer que Dieu n'est pas avare de ses biens, comme le sont les hommes. Quand ceux-ci font des aumônes, alors même qu'ils sont riches, pieux et généreux, ils ont toujours les doigts un peu crochus et ils donnent le plus souvent moins qu'on ne leur demande : leur richesse, en effet, est toujours limitée, et plus ils donnent, moins il leur reste. Mais, quand on le prie, Dieu donne ses biens avec générosité, avec une main largement ouverte, et toujours plus qu'on ne lui demande : sa richesse, en effet, est infinie et, plus il donne, plus il lui reste à donner : « Seigneur, tu es pardon et bonté, plein d'amour pour tous ceux qui t'appellent » (Ps 86 (85), 5). Vous, mon Dieu, s'écriait David, vous n'êtes que trop généreux et trop bon avec ceux qui vous invoquent. Vos miséricordes à leur égard sont toutes surabondantes : elles surpassent leurs demandes.

À ceci, nous devons donc accorder toute notre attention : prier avec confiance, dans la certitude que s'ouvriront ainsi pour nous tous les trésors du ciel : « Appliquons-nous-y, dit saint Jean Chrysostome, et nous verrons pour nous s'ouvrir le ciel ». La prière est un trésor : qui prie le plus, plus en a sa part. Saint Bonaventure assure : chaque fois que l'on recourt pieusement à Dieu par la prière, on gagne des biens infiniment plus précieux que le monde entier : « On gagne chaque jour par la prière dévote plus que la valeur du monde entier ». Certaines âmes dévotes consacrent beaucoup de temps à lire et à méditer mais peu de temps à prier. La lecture spirituelle, la méditation des vérités éternelles sont certainement très utiles mais, dit saint Augustin, la prière est de beaucoup plus utile. Par la lecture et la méditation, nous comprenons quels sont nos devoirs mais par la prière nous obtenons la grâce de les remplir : « Il vaut mieux prier que lire ; par la lecture, nous apprenons ce que nous devons faire ; par la prière, nous recevons ce que nous demandons ». À quoi bon savoir ce que nous sommes tenus de faire et puis ne pas le faire, sinon à nous rendre plus coupables envers Dieu ? Lisons et méditons autant que nous voulons ; nous n'en accomplirons pas pour autant nos obligations si nous ne demandons pas à Dieu le secours nécessaire.

Aussi, fait remarquer saint Isidore, c'est surtout

lorsque nous sommes occupés à prier et à demander à Dieu ses grâces que le démon se donne le plus de mal pour nous distraire par la pensée des affaires temporelles : « C'est surtout lorsque le diable voit quelqu'un en train de prier qu'il lui met le plus des idées dans la tête ». Pourquoi cela ? Parce que l'ennemi voit que nous ne gagnons jamais davantage les trésors du ciel que lorsque nous prions. Le meilleur fruit de l'oraison mentale, c'est qu'on y demande à Dieu les grâces nécessaires pour la persévérance et le salut éternel. C'est pour ce motif surtout que l'oraison mentale est nécessaire à l'âme pour se maintenir dans la grâce de Dieu. En effet, si durant la méditation l'on ne songe pas à demander les secours indispensables à la persévérance, on ne le fera pas à un autre moment ; on ne pensera pas, en dehors de la méditation, à la nécessité de les demander. En revanche, celui qui fait chaque jour sa méditation verra clairement les besoins de son âme, les dangers où il se trouve, la nécessité de prier ; il priera et ainsi obtiendra les grâces qui lui permettront de persévérer et de faire son salut. Le Père Paul Segneri faisait cet aveu : au début, dans sa méditation, il s'employait plus à exprimer ses sentiments qu'à prier ; mais il comprit par la suite la nécessité et l'immense utilité de la prière ; dès lors, dans ses longues oraisons mentales il s'appliqua surtout à prier. « Comme le petit de l'hirondelle, je crierai », disait le pieux roi Ezéchias (Is 38, 14). Les petits des hirondelles ne font que crier, pour réclamer à leur mère secours et nourriture. C'est ainsi que nous devons tous faire : si nous voulons garder la vie de la grâce, il nous faut crier sans cesse, demandant secours à Dieu pour éviter la mort du péché et pour progresser dans son saint amour. Le Père Rodriguez rapporte : Les Anciens Pères, qui furent nos premiers maîtres spirituels, tinrent un jour conseil entre eux pour examiner quel était l'exercice le plus utile et le plus nécessaire pour le salut éternel. Ils conclurent que c'était de répéter fréquemment la brève invocation de David : « Seigneur, viens à mon aide ». Celui qui veut assurer son salut, écrit Cassien, doit faire de même et répéter sans cesse : Mon Dieu, aide-moi ! Mon Dieu, aide-moi ! Nous devons lancer cet appel, le matin, dès notre réveil, et continuer ensuite dans toutes nos nécessités et dans toutes nos occupations spirituelles et temporelles, plus spécialement quand nous tourmente quelque tentation ou passion. Pour saint Bonaventure, une courte prière nous vaut parfois la grâce plus vite que beaucoup d'autres bonnes œuvres : « On obtient quelquefois plus vite par une courte prière ce que l'on n'obtiendrait que difficilement par de bonnes œuvres ». Saint Ambroise ajoute : avant même d'avoir fini, celui qui prie est déjà exaucé parce que prier et recevoir, c'est tout un. « Celui qui demande à Dieu reçoit au moment même de sa prière ; car demander à Dieu est déjà recevoir ». Saint Jean Chrysostome a pu écrire : « Rien n'est plus puissant qu'un homme qui prie » parce qu'il participe à la puissance de Dieu. Pour arriver à la perfection, disait saint Bernard, il faut la méditation et la prière : la méditation nous aide à comprendre ce qui nous fait défaut, et par la prière nous la recevons : « Progressons par la méditation et la prière ; car la méditation enseigne ce qui nous manque et la prière obtient que ce manque soit comblé ».

Bref, sans la prière, il est très difficile et même impossible, ainsi que nous l'avons vu, de faire son salut, selon la providence ordinaire de Dieu ; mais, par la prière, ce salut devient assuré et très facile. Il n'est pas nécessaire pour cela d'aller sacrifier notre vie chez les Infidèles ni de se retirer dans le désert et s'y nourrir d'herbes. Qu'avons-nous à dire ? « Mon Dieu, aide-moi ; Seigneur, assiste-moi ; Aie pitié de moi » ! Est-il rien de plus facile ? Ce peu suffira à nous sauver, si nous sommes attentifs à le faire. Saint Laurent Justinien nous exhorte spécialement à nous efforcer de prier, au moins au début de chaque action : « Il faut s'efforcer de mettre une prière tout au moins au début de chaque action ». Cassien nous assure : les anciens Pères conseillaient surtout de lancer vers Dieu de brèves mais fréquentes invocations. Que personne, disait saint Bernard, ne fasse peu de cas de sa prière car Dieu en fait grand cas : il nous donne alors ce que nous sollicitons ou quelque chose de plus utile pour nous : « Nul d'entre vous, frères, ne doit faire peu de cas de sa prière. Car je vous le dis : Celui à qui nous l'adressons est loin, lui, d'en faire peu de cas... ou bien il nous donne ce que nous demandons (cf. Jn 16, 23) ou bien il a en vue pour nous quelque chose de plus utile ». Nous devons bien comprendre que, si nous ne prions pas, nous sommes inexcusables, parce que la grâce de la prière est accordée à chacun ; nous avons toujours la possibilité de prier, chaque fois que nous le voulons. David disait de lui-même : « Que je chante un cantique, une prière au Dieu de ma vie, je dirai à mon Dieu, tu es mon refuge » (Ps 42 (41), 9-10). Nous parlerons plus longuement de ce point dans la deuxième partie. J'y montrerai de façon claire que Dieu donne à tous la grâce de prier ; on peut ainsi, par la prière, obtenir tous les secours, et même en abondance, pour observer la loi de Dieu et persévérer jusqu'à la mort. Je me contente de dire pour le moment que, si nous ne faisons pas notre salut, ce sera entièrement de notre faute, et pour la seule raison que nous n'aurons pas prié !

CHAPITRE III. CONDITIONS DE LA PRIÈRE.

« En vérité, en vérité, je vous le dis, ce que vous demanderez au Père, il vous le donnera en mon nom » (Jn 16, 23). Jésus Christ nous le promet : tout ce que nous demanderons au Père en son nom, tout cela le Père nous l'accordera, mais cela s'entend toujours d'une demande faite selon les conditions requises.

Beaucoup, dit saint Jacques, cherchent et n'obtiennent pas parce qu'ils cherchent mal : « Vous demandez et ne recevez pas, parce que vous demandez mal » (Jc 4, 3). Saint Basile commente ainsi les paroles de l'Apôtre : « Si quelquefois tu demandes et n'obtiens pas, c'est que tu as mal demandé, en manquant de foi, ou avec légèreté, ou pour ce qui ne te convenait pas ou alors parce que tu as abandonné la prière ». « En manquant de foi », c'est-à-dire avec peu de foi ou peu de confiance. « Avec légèreté » c'est-à-dire avec peu de désir d'obtenir la grâce.

« Pour ce qui ne te convenait pas » c'est-à-dire que tu as demandé des biens qui ne sont pas utiles à ton salut. « Tu as abandonné » c'est-à-dire tu as manqué de persévérance. C'est pourquoi saint Thomas ramène à 4 les conditions requises pour que la prière soit efficace : « Que l'on demande pour soi-même, des biens nécessaires au salut, avec piété, avec persévérance ».

La première condition de la prière est donc qu'on la fasse pour soi-même. Le Docteur Angélique soutient que l'on ne peut pas obtenir pour les autres ex condigno — en justice —, la vie éternelle ni par conséquent les grâces ayant rapport au salut. La promesse, dit-il, n'a pas été faite pour les autres mais uniquement pour ceux qui prient : « Il vous le donnera ». Beaucoup de Docteurs soutiennent cependant le contraire, en s'appuyant sur l'autorité de saint Basile : « Celui-ci enseigne que la prière atteint infailliblement son effet, en vertu de la promesse de Dieu, même en faveur des autres, pourvu que ceux-ci n'y mettent pas un obstacle positif » ils se basent sur les Saintes Écritures : « Priez les uns pour les autres, afin que vous soyez guéris. La supplication fervente du juste a beaucoup de puissance » (Jc 5, 16). « Priez pour vos persécuteurs » (Mt 5,44). Et, mieux encore, le texte de saint Jean : « Quelqu'un voit-il son frère commettre un péché ne conduisant pas à la mort, qu'il prie et Dieu donnera la vie à ce frère ! » (1 Jn 5, 16). Saint Augustin et d'autres expliquent ainsi : « un péché ne conduisant pas à la mort » : pourvu qu'il ne s'agisse pas d'un pécheur qui entend s'obstiner dans le péché jusqu'à la mort, parce que pour celui-ci il faudrait une grâce très extraordinaire. Quant aux pécheurs dont la malice n'est pas si grande, l'Apôtre saint Jean promet leur conversion à ceux qui prient pour eux : « Qu'il prie et Dieu donnera la vie à ce frère » (1 Jn 5, 16).

Du reste, il n'est pas douteux que les prières des autres soient très utiles aux pécheurs et très agréables à Dieu ; Dieu se plaint de ses serviteurs qui ne lui recommandent pas les pécheurs. C'est ainsi qu'il dit un jour à sainte Marie-Madeleine de Pazzi : « Vois, ma fille, comme les chrétiens sont entre les mains du démon ; si mes Élus ne les délivraient pas par leurs prières, ils seraient dévorés ». Il attend cela tout spécialement des prêtres et des religieux. Cette même sainte disait à ses religieuses : « Mes Sœurs, Dieu ne nous a pas séparées du monde uniquement pour notre bien, mais aussi pour que nous fassions appel à sa clémence en faveur des pécheurs ». Et le Seigneur dit un jour à la sainte : « Je vous ai donné à vous qui êtes mes épouses privilégiées, la Cité de Refuge, c'est-à-dire la Passion de Jésus Christ. Vous avez ainsi où recourir pour aider mes créatures. Recourez-y et portez secours à celles qui périssent et donnez votre vie pour elles ». Ainsi, enflammée d'un grand zèle, la sainte offrait-elle à Dieu cinquante fois par jour, pour les pécheurs, le sang du Rédempteur. Le désir de leur conversion la dévorait : « Oh ! Seigneur, quelle souffrance de voir que l'on peut aider tes créatures en donnant notre vie pour elles, et de ne pouvoir le faire ». Au reste, elle recommandait les pécheurs à Dieu dans tous ses exercices de piété. Elle ne passait guère une heure de la journée, lit-on dans sa Vie, sans prier pour eux. Elle se levait aussi très souvent, en pleine nuit, et se rendait devant le Saint Sacrement prier pour les pécheurs. On l'a trouvée un jour pleurant à chaudes larmes : « Pourquoi ? lui demanda-t-on. Parce qu'il me semble que je ne fais rien pour le salut des pécheurs ». Elle allait jusqu'à s'offrir à subir pour leur conversion jusqu'aux peines de l'Enfer, pourvu qu'elle n'eût pas à haïr Dieu. Plusieurs fois elle obtint de Dieu d'être affligée de grandes douleurs et infirmités pour le salut des pécheurs. Elle priait spécialement pour les prêtres. Elle voyait que leur bonne conduite est principe de salut pour les autres, et leur mauvaise vie cause de ruine pour beaucoup. Aussi priait-elle le Seigneur de faire retomber sur elle la punition de leurs fautes : « Seigneur, fais-moi mourir puis revenir à la vie autant de fois qu'il sera nécessaire pour satisfaire pour eux à ta justice ! » Et l'on raconte dans sa Vie que, en effet, par ses prières, elle arracha beaucoup d'âmes aux griffes de Lucifer.

J'ai tenu à parler plus spécialement du zèle de cette sainte. Mais toutes les âmes qui aiment vraiment Dieu ne prient-elles pas pour les pauvres pécheurs ? Voici quelqu'un qui aime Dieu, qui sait l'amour qu'il porte aux âmes et tout ce que Jésus Christ a fait et souffert pour leur salut et combien le Sauveur désire nous voir prier pour elles... Comment est-il possible que ce quelqu'un puisse voir avec indifférence tant de pauvres gens vivre sans Dieu et esclaves de l'enfer ? Ne va-t-il pas être touché de compassion et s'appliquer à prier fréquemment le Seigneur de donner lumière et force à ces malheureux pour qu'ils sortent de l'état dans lequel ils dorment et sont perdus ? Bien sûr, Dieu n'a pas promis de nous exaucer quand ceux pour qui nous prions mettent un obstacle positif à leur conversion. Mais très souvent, dans sa bonté, à cause des prières de ses serviteurs, le Seigneur s'est plu à ramener dans la voie du salut, par des grâces extraordinaires, les pécheurs les plus aveuglés et les plus endurcis. Ne nous lassons donc jamais, lorsque nous célébrons ou entendons la messe, lorsque nous faisons la communion, la méditation ou la visite au Saint Sacrement, de recommander à Dieu les pauvres pécheurs. Un savant auteur nous affirme : « Celui qui prie pour les autres voit d'autant plus vite exaucées les prières qu'il fait pour lui-même ». Tout ceci dit en passant, revenons aux autres conditions requises par saint Thomas pour l'efficacité de la prière.

La seconde condition, c'est que l'on demande les grâces nécessaires au salut. En effet, la promesse faite à la prière ne l'a pas été pour les bienfaits d'ordre temporel qui ne sont pas nécessaires au salut. Saint Augustin commente les mots de l'Évangile cités plus haut, « en mon nom » en disant : « Tout ce qui est contraire au salut ne saurait être demandé au nom du Sauveur ». Quelquefois, ajoute-t-il, nous demandons des faveurs temporelles et Dieu ne nous exauce pas, pourquoi ? Parce qu'il nous aime et veut nous traiter avec miséricorde : « Si quelqu'un prie Dieu loyalement pour les nécessités de cette vie, tantôt Dieu les accorde par miséricorde et tantôt les refuse également par miséricorde. En effet, ce qui est utile au patient, le médecin le sait mieux que le malade ». Le médecin qui aime le malade ne lui accorde pas ce qu'il sait devoir lui faire du mal. Oh ! combien, s'ils étaient malades ou pauvres, ne tomberaient pas dans les péchés qu'ils commettent bien portants ou riches. C'est par amour que Dieu n'exauce pas certains qui lui demandent la santé du corps ou les biens de la fortune ; il voit que ce serait pour eux une occasion de perdre sa grâce ou tout au moins de tomber spirituellement dans la tiédeur. N'allons pas comprendre que ce soit une faute de demander à Dieu les biens nécessaires à la vie présente, pour autant qu'ils peuvent contribuer au salut éternel, selon cette prière du Sage de l'Ancien Testament : « Accorde-moi seulement la nourriture qui m'est nécessaire ! » (Pr 30, 8). Il n'est pas défendu, dit saint Thomas, de nous soucier raisonnablement de ces biens temporels ; la faute consiste à désirer ou à chercher ces biens comme s'ils étaient les plus importants, à avoir pour eux un souci désordonné, comme s'ils constituaient à eux seuls notre bonheur. Quand nous demandons à Dieu ces biens temporels, nous devons le faire toujours en esprit de soumission et à la condition qu'ils soient utiles à notre âme. Quand nous nous apercevons que le Seigneur ne nous les accorde pas, soyons bien convaincus qu'il nous les refuse par amour et parce qu'il sait qu'ils nuiraient à notre santé spirituelle.

Souvent, nous demandons à Dieu de nous délivrer de quelque tentation dangereuse, et Dieu ne nous exauce pas non plus. Il permet que la tentation continue de nous importuner. Sachons que Dieu agit encore ainsi pour notre plus grand bien. Ce ne sont pas les tentations ni les mauvaises pensées qui nous éloignent de Dieu mais les consentements coupables. Quand l'âme se recommande à Dieu au moment de la tentation et qu'avec sa grâce elle y résiste, oh !

comme elle progresse alors en perfection et parvient à une plus grande union avec Dieu ! Voilà pourquoi le Seigneur ne l'exauce pas. Saint Paul priait avec instance pour être délivré des tentations charnelles : « Il m'a été mis une écharde en la chair, un ange de Satan chargé de me souffleter... À ce sujet, par trois fois, j'ai prié le Seigneur pour qu'il l'éloigne de moi » (2 Co 12, 7). Mais le Seigneur lui répondit : « Ma grâce te suffit ». Dans les tentations nous devons donc prier Dieu avec soumission : Seigneur, délivrez-moi de cet ennui si vous jugez utile de m'en libérer ; et sinon, donnez-moi au moins le secours nécessaire pour y résister. Que fait alors le Seigneur ? Quand nous demandons à Dieu quelque grâce, dit saint Bernard, il nous l'accorde ou alors quelque chose de plus utile. Souvent Dieu nous laisse souffrir dans la tempête pour mettre à l'épreuve notre fidélité et pour notre plus grand profit. Il semble être sourd à nos prières mais soyons sûrs qu'il nous entend parfaitement et nous aide en secret ; il nous fortifie par sa grâce pour que nous résistions à toutes les attaques des ennemis. Il nous le certifie lui-même par la bouche du Psalmiste : « Dans la détresse, tu as crié, je t'ai sauvé. Je te répondis caché dans l'orage je t'éprouvai aux eaux de Mériba » (Ps 81 (80), 8).

Autres conditions requises par saint Thomas : prier « pie et perseveranter » c'est-à-dire avec humilité et confiance, ainsi qu'avec persévérance jusqu'à la mort. Examinons chacune de ces conditions : Humilité, Confiance, Persévérance.

I. L'HUMILITÉ AVEC LAQUELLE ON DOIT PRIER

Le Seigneur est très attentif aux prières de ses serviteurs, à condition qu'elles soient humbles : « Il s'est tourné vers la prière des humbles » (Ps 102 (101), 18). Sinon, il ne les regarde pas mais les repousse : « Dieu résiste aux orgueilleux mais il donne sa grâce aux humbles » (Jc 4, 6). Dieu n'écoute pas les prières des orgueilleux qui se fient à leurs propres forces, il les laisse dans leur misère ; alors, privés du secours de Dieu, ils vont se perdre certainement. David en pleurait : « Avant d'être humilié, je m'égarais » (Ps 119 (118), 67). J'ai péché, disait-il, parce que je n'ai pas été humble. C'est bien ce qui est arrivé à saint Pierre. Jésus l'avertit que, cette nuit-là même, tous ses disciples l'abandonneraient : « Vous tous, allez succomber à cause de moi, cette nuit même » (Mt 26, 31). Mais, au lieu de prendre conscience de sa faiblesse et de demander

du secours au Seigneur, il présuma de ses forces. Même si tous l'abandonnaient, affirma-t-il, lui ne lâcherait jamais : « Si tous succombent à cause de toi, moi je ne succomberai jamais » (Mt 26, 33). Cette nuit même, avant que le coq ait chanté, lui prédit Jésus, il l'aurait renié trois fois ! Il continua pourtant à se fier à lui-même et à se vanter : « Dussé-je mourir avec toi, non, je ne te renierai pas » (Mt 26, 35). Mais qu'arriva-t-il ? À peine le malheureux fut-il entré dans la maison du Pontife et qu'on l'eut accusé d'être un disciple de Jésus, par trois fois, de fait, il affirma par serment qu'il ne le connaissait pas : « Et de nouveau, il nia avec serment : je ne connais pas cet homme » (Mt 26, 72). Si Pierre, en toute humilité, avait demandé au Seigneur la grâce de la fidélité, il ne l'aurait pas renié !

Persuadons-nous bien que nous sommes comme sur le sommet d'une montagne, suspendus au-dessus de l'abîme de tous les péchés et soutenus par le seul fil de la grâce : si ce fil nous lâche, nous serons certainement précipités dans ce gouffre et nous commettrons les crimes les plus horribles : « Si Yahvé ne me venait en aide, bientôt mon âme habiterait le silence (l'Enfer) » (Ps 94 (93), 17). Si Dieu ne m'avait pas secouru, je serais tombé en mille péchés et serais maintenant en Enfer. Ainsi s'exprimait le Psalmiste. Ainsi doit parler chacun d'entre nous. Pourquoi saint François d'Assise allait-il jusqu'à se proclamer le plus grand pécheur du monde ? Père, lui dit son compagnon, ce n'est pas vrai. Beaucoup de personnes au monde sont pires que vous. Hélas ! lui répliqua le saint, ce que je dis n'est que trop vrai, car si Dieu ne tenait pas sa main au-dessus de moi pour me protéger, je commettrais tous les péchés. Il est de foi que, sans la grâce, nous ne pouvons faire aucune bonne œuvre, pas même avoir une bonne pensée : « Sans la grâce, dit saint Augustin, ils (les hommes) ne font rien de bon, soit par pensée…, soit par action ». « Car de même que l'œil dans le plus parfait état ne peut rien distinguer s'il n'est aidé par l'éclat de la lumière, continue saint Augustin, de même l'homme le plus pleinement justifié ne peut vivre dans la droiture, s'il n'est divinement secouru par l'éternelle lumière de la justice ». L'Apôtre Paul l'avait déjà reconnu : « Ce n'est pas que de nous-mêmes nous soyons capables de revendiquer quoi que ce soit comme venant de nous ; non, notre capacité vient de Dieu » (2 Co 3, 5). Et avant lui, David l'avait affirmé : « Si Yahvé ne bâtit la maison, en vain peinent les bâtisseurs » (Ps 127 (126), 1). On travaille en vain à se sanctifier, si Dieu n'y met la main : « Si Yahvé ne garde la ville, en vain la garde veille » (Ps 127 (126), 1). Si Dieu ne préserve l'âme du péché, c'est en vain qu'elle espérera y réussir par ses propres forces. Aussi le saint Prophète protestait-il : « Ce n'est pas en mon arc que je mettrai ma confiance » (Ps 44 (43), 7). Ce n'est donc pas dans mes armes que je veux mettre ma confiance, mais en Dieu qui seul peut me sauver.

Si l'on a fait quelque bien, si l'on n'est pas tombé en de plus grands péchés, que l'on dise avec saint Paul : « C'est par la grâce de Dieu que je suis ce que je suis » (1 Co 15, 10). Et pour la même raison, ne cessons pas de trembler ; craignons à chaque instant de tomber : « Que celui qui se flatte d'être debout prenne garde de tomber » (1 Co 10, 12). L'Apôtre entend ainsi nous prévenir : celui qui se croit sûr de ne pas tomber est en grand danger de le faire. Il en donne ailleurs la raison : « Si quelqu'un estime être quelque chose, alors qu'il n'est rien, il se fait illusion » (Ga 6, 3). Saint Augustin écrit donc sagement : « La confiance excessive en leurs forces en empêche beaucoup d'être forts, seuls sont solides ceux qui ont conscience de leur faiblesse ». Si quelqu'un affirme qu'il n'a pas peur, cela veut dire qu'il a confiance en lui-même et en ses résolutions. Mais cette confiance pernicieuse l'égare. Se fiant à ses propres forces, il cesse de craindre et de se recommander à Dieu ; il va donc certainement tomber. De même, chacun doit se garder de s'admirer et de se vanter, en voyant les péchés des autres. Il doit bien plutôt se considérer lui-même comme pire que les autres : Seigneur, si vous ne m'aviez pas aidé, j'aurais fait pire. Autrement le Seigneur permettra qu'en punition de son orgueil il tombe en des fautes plus grandes et plus horribles. L'Apôtre nous avertit donc de travailler à notre salut, mais comment ? toujours avec crainte et tremblement : « Travaillez avec crainte et tremblement à accomplir votre salut » (Ph 2, 12). Oui, celui qui redoute beaucoup de tomber se défie de ses propres forces. Il reporte donc sa confiance en Dieu et recourt à lui dans les dangers ; Dieu va le secourir ; il va triompher ainsi des tentations et faire son salut. Marchant un jour dans les rues de Rome, saint Philippe Neri s'en allait répétant : « Je suis désespéré ! » Un religieux lui en fit le reproche, mais le saint lui répliqua : « Mon Père, c'est de moi-même que je désespère, mais j'ai confiance en Dieu ». Ainsi devons-nous agir, si nous voulons faire notre salut. Il faut douter sans cesse de nos forces. Nous imiterons ainsi saint Philippe Neri qui, dès son réveil, disait à Dieu : « Seigneur, protégez bien Philippe aujourd'hui ; sinon, Philippe va vous trahir ».

C'est là, dit saint Augustin, la connaissance éminente d'un chrétien : savoir qu'il n'est rien et qu'il ne peut rien : « Là est la science par excellence : savoir que l'on n'est rien ». Il va donc s'appliquer à obtenir de Dieu par la prière cette force qui lui manque pour résister aux tentations et faire le bien. Avec le secours du Seigneur, il sera capable de tout, car celui-ci ne sait rien refuser à ceux qui le prient avec humilité : « La prière de l'humble pénètre les nuées... Il n'a de cesse que le Très-Haut n'ait jeté les yeux sur lui » (Si 35, 17-18). La prière d'une âme humble pénètre les cieux. Une fois devant le trône de Dieu, elle n'en part pas avant que Dieu ne l'ait regardée et exaucée. Fût-il coupable de très nombreux péchés, Dieu ne peut mépriser un cœur qui s'humilie : « D'un cœur brisé, broyé, Dieu, tu n'as pas de mépris » (Ps 51 (50), 19). « Dieu résiste aux orgueilleux mais il donne sa grâce aux humbles » (Jc 4, 6). Autant le Seigneur est dur pour les orgueilleux et sourd à leurs demandes, autant il est doux et généreux pour les humbles. Jésus le dit un jour à sainte Catherine de Sienne : Sache, ma fille, que l'âme qui persévère dans la prière humble acquiert toutes les vertus.

Rapportons ici un avis très judicieux que donna aux âmes spirituelles désirant se sanctifier le savant et très pieux Monseigneur Palafox, évêque d'Osma, dans un commentaire sur la dix-huitième lettre de sainte Thérèse. Cette sainte écrit à son confesseur et lui rend compte de tous les degrés d'oraison surnaturelle dont le Seigneur l'a favorisée. Le prélat fait remarquer que ces grâces surnaturelles, accordées à sainte Thérèse et à d'autres saints, ne sont pas nécessaires pour parvenir à la sainteté. Bien des âmes y sont arrivées sans elles. Par contre, il en est beaucoup qui les ont obtenues et qui se sont pourtant damnées par la suite. Il est superflu et même présomptueux, conclut-il, de désirer et de demander ces dons surnaturels : la seule et unique voie pour se sanctifier, c'est de pratiquer les vertus et d'aimer Dieu. On y arrive par la prière et par la correspondance aux lumières et secours de Dieu qui ne désire rien d'autre que notre sanctification : « La volonté de Dieu, c'est votre sanctification » (1 Th 4, 3). Ce pieux auteur fait allusion aux degrés de l'oraison surnaturelle dont parlait sainte Thérèse : oraison de quiétude, sommeil mystique et suspension des puissances, union, extase, ravissement, vol et transport de l'esprit et blessure d'amour. Il écrit sagement à ce sujet : quant à l'oraison de quiétude, ce que nous devons désirer et demander à Dieu, c'est qu'il nous délivre de l'attachement aux biens de ce monde et du désir de les posséder. Ces biens ne procurent pas la paix. Ils n'apportent à l'esprit qu'inquiétude et tourment : « Vanité des vanités, les appelait Salomon, et poursuite de vent » (Co 1, 14). Le cœur de l'homme ne trouvera jamais la vraie paix, s'il ne se vide pas de tout ce qui n'est pas Dieu pour laisser toute la place à son saint amour, afin que lui seul le possède tout entier. Mais l'âme ne peut le réaliser toute seule ; elle doit l'obtenir du Seigneur par des prières réitérées. Quant au sommeil et à la suspension des puissances, nous devons demander à Dieu la grâce de tenir nos facultés endormies à tout ce qui est temporel, et bien éveillées, au contraire, pour méditer la bonté de Dieu et n'aspirer qu'à son amour et aux biens éternels.

Quant à l'union des puissances, demandons la grâce de ne penser, de ne chercher, de ne vouloir que ce que Dieu veut, parce que toute la sainteté et la perfection de l'amour consistent à unir notre volonté à celle du Seigneur. Quant à l'extase et au ravissement, prions Dieu de nous arracher à l'amour désordonné de nous-mêmes et des créatures pour nous attirer tout entier à lui. Quant au vol de l'esprit, demandons-lui de vivre complètement détachés de ce monde et de faire comme les hirondelles qui, même pour se nourrir, ne se posent pas à terre, mais saisissent leur nourriture tout en volant. Que signifie cette comparaison ? Utilisons les biens temporels autant qu'il le faut pour soutenir notre vie, mais toujours en plein vol ; sans nous poser sur le sol pour y jouir des plaisirs terrestres. Quant au transport de l'esprit, prions Dieu de nous donner le courage et la force de savoir nous faire violence, quand il le faut, pour résister aux assauts des ennemis, pour maîtriser nos passions et pour embrasser la souffrance au milieu des désolations et lassitudes spirituelles.

Enfin, quant à la blessure d'amour, la douleur provoquée par une blessure entretient toujours chez la personne le souvenir de son mal ; de même, devons-nous prier Dieu de blesser notre cœur de son saint amour au point que nous nous rappelions sans cesse sa bonté et son amour pour nous. Nous vivrons continuellement avec cette pensée et nous nous efforcerons de lui manifester notre amour par nos bonnes œuvres et nos sentiments d'affection. On n'a pas ces grâces sans la prière, mais on obtient tout par la prière, à condition que celle-ci soit humble, confiante et persévérante.

II. LA CONFIANCE AVEC LAQUELLE NOUS DEVONS PRIER

Le principal avis que nous donne l'Apôtre saint Jacques si nous voulons obtenir les grâces de Dieu par la prière, c'est que nous priions avec la confiance assurée d'être exaucés si nous prions, comme il se doit, sans hésiter : « Qu'il demande avec foi sans hésitation » (Jc 1, 6). Saint Thomas nous enseigne que si la prière doit à la charité le pouvoir de mériter, c'est de la foi et de la confiance qu'elle tient son efficacité : « La prière doit à la charité la vigueur de son mérite, à la foi et la confiance l'efficacité de sa demande ».

Saint Bernard dit de même : c'est la confiance seule qui nous obtient les miséricordes de Dieu : « Oui, seule l'espérance obtient auprès de toi un droit à la compassion ». Le Seigneur se réjouit infiniment de notre confiance en sa miséricorde, car nous honorons et exaltons ainsi la bonté infinie qu'il a voulu manifester au monde en nous créant. Ô Mon Dieu, s'écriait le Prophète-Roi, que tous ceux qui espèrent en vous se réjouissent, parce qu'ils seront éternellement heureux et que vous habiterez toujours en eux ! : « Joie pour tous ceux que tu abrites, réjouissance à jamais » (Ps 5, 12). Dieu protège et sauve tous ceux qui ont confiance en lui : « Il est, lui, le bouclier de quiconque s'abrite en lui » (Ps 18 (17), 31). « Tu sauves ceux qui espèrent en toi » (Ps 17 (16), 7)... Oh ! quelles magnifiques promesses sont faites, dans les Saintes Écritures, à ceux qui espèrent en Dieu ! Ils ne tomberont pas dans le péché. « Tous ceux qui espèrent en lui ne tomberont pas » (Ps 34 (33), 23). Oui, dit David, le Seigneur tient les yeux tournés vers tous ceux qui se confient en sa bonté, pour les délivrer par son secours de la mort du péché : « Voici, l'œil de Yahvé sur ceux qui le craignent, sur ceux qui espèrent son amour, pour préserver leur âme de la mort » (Ps 33 (32), 18-19). Dieu dit ailleurs : « Puisqu'il s'attache à moi, je l'affranchis, je l'exalte… Je le délivre et je le glorifie » (Ps 91 (90), 14-15). Notons le mot « puisque » : puisqu'il s'est confié à moi, je le protégerai, je le libérerai de ses ennemis et du danger de tomber, et finalement je lui donnerai la gloire éternelle. Isaïe parle de ceux qui mettent leur espérance en Dieu : « Ceux qui espèrent en Yahvé renouvellent leur force, ils déploient leurs ailes comme des aigles, ils courent sans s'épuiser, ils marchent sans se fatiguer » (Is 40, 31). Ils cesseront d'être faibles, ils acquerront en Dieu une grande force, ils ne failliront pas, ils n'éprouveront même pas de fatigue à marcher sur la voie du salut, ils courront et voleront comme des aigles : « Dans la conversion et le calme était votre salut » (Is 30, 15). En somme, dit ce même prophète, notre force consiste à mettre toute notre confiance en Dieu et à rester tranquilles et sereins c'est-à-dire à nous reposer dans les bras de sa miséricorde, sans compter sur nos talents personnels ni sur les moyens humains.

Est-il jamais arrivé que quelqu'un ait mis sa confiance en Dieu et se soit ensuite perdu ? « Qui donc, confiant dans le Seigneur, a été confondu ? » (Si 2, 10). Cette confiance donnait à David la certitude qu'il ne se perdrait jamais : « J'ai espéré dans le

Seigneur, je ne serai pas confondu » (Ps 31 (30), 1). Est-ce que par hasard, demande saint Augustin, Dieu pourrait nous tromper alors qu'il s'offre à nous soutenir dans les dangers, si nous nous appuyons sur lui ? Voudrait-il se dérober à nous au moment même où nous recourons à lui ? « Dieu ne se joue pas de nous au point de s'offrir à nous aider et de se dérober ensuite à ceux qui s'appuient sur lui ». David appelle bienheureux ceux qui se confient dans le Seigneur : « Heureux, qui se fie à toi » (Ps 84 (83), 13). Et pourquoi ? Parce que, dit ce même prophète, celui qui se confie en Dieu se trouvera toujours entouré par la divine miséricorde : « Celui qui se confie en Yahvé est entouré de sa miséricorde » (Ps 32 (31), 10). Il sera tellement entouré et gardé par Dieu de tous côtés qu'il restera à l'abri des ennemis et préservé du danger de se perdre.

C'est pourquoi l'Apôtre nous recommande tant de garder la confiance en Dieu. Celle-ci, nous assure-t-il, nous obtient de lui grande récompense : « Ne perdez donc pas votre assurance ; elle a une grande et juste récompense » (He 10, 35). Telle sera notre confiance, telles aussi les grâces que nous recevrons de Dieu ; si notre confiance est grande, grandes seront aussi les grâces : « Une grande foi mérite de hautes récompenses ». Selon saint Bernard, la divine miséricorde est une fontaine immense : plus ample en fait de confiance est le vase que l'on y porte, plus grande est l'abondance des biens que l'on rapporte : « L'huile de la miséricorde, tu ne la déposes que dans le vase de la confiance ». Le Prophète l'exprimait déjà : « Sur nous soit ton amour, Yahvé, comme notre espoir est en toi » (Ps 33 (32), 22). Le centurion en est témoin, lui dont le Rédempteur a loué la confiance : « va ! Qu'il t'advienne selon ta foi » (Mt 8, 13). Et le Seigneur révéla à sainte Gertrude : celui qui le prie avec confiance lui fait en quelque sorte tant de violence qu'il ne peut pas ne pas l'exaucer en tout ce qu'il demande. « La prière, dit saint Jean Climaque, fait une pieuse violence à Dieu ». Oui, la prière fait violence à Dieu, mais une violence qui lui est chère et agréable. « Avançons-nous donc avec assurance vers le trône de la grâce afin d'obtenir miséricorde et de trouver grâce pour une aide opportune » (He 4, 16). Le trône de la grâce c'est Jésus Christ qui siège à présent à la droite du Père : non pas sur un trône de justice, mais de grâce, pour nous obtenir le pardon, si nous sommes en état de péché, et le secours pour persévérer, si nous jouissons de son amitié. À ce trône, il nous faut recourir toujours avec confiance, c'est-à-dire avec la confiance que nous inspire la foi en la bonté et la fidélité de Dieu. N'a-t-il pas promis d'exaucer ceux qui le prient avec une confiance ferme et vraie ? Ceux qui, au contraire, le font en hésitant et en doutant, dit saint Jacques, doivent bien penser qu'ils ne recevront rien : « Celui qui hésite ressemble au flot de la mer que le vent soulève et agite. Qu'il ne s'imagine pas, cet homme-là, recevoir quoi que ce soit du Seigneur » (Jc 1, 6-7). Il ne recevra rien parce que sa méfiance injustifiée empêchera la divine miséricorde de l'exaucer : « Tu n'as pas demandé comme il faut, dit saint Basile, parce que tu as demandé en doutant ». Tu n'as pas reçu la grâce parce que tu l'as demandée sans confiance. Notre confiance en Dieu, dit David, doit être solide comme une montagne qui ne se déplace pas au moindre coup de vent : « Qui s'appuie sur Yahvé ressemble au mont Sion ; rien ne l'ébranle, il est stable pour toujours » (Ps 125 (124), 1). Le Rédempteur nous en prévient, si nous voulons obtenir les grâces que nous sollicitons : « Tout ce que vous demandez en priant, croyez que vous l'avez déjà reçu et cela vous sera accordé » (Mc 11, 24). Quelle que soit la grâce que vous demandez, croyez ferme que vous l'aurez et vous l'obtiendrez sûrement !

Mais, dira quelqu'un, je ne suis qu'un misérable. Sur quoi vais-je donc fonder ma confiance d'être exaucé ? Sur la promesse de Jésus Christ : « Demandez et vous recevrez » (Jn 16, 24). Demandez et vous obtiendrez. « Qui voudrait être trompé, lorsque c'est la vérité qui promet ? » dit saint Augustin. Comment pouvons-nous douter d'être exaucés, alors que c'est Dieu, la Vérité même, qui promet de nous écouter et de nous exaucer ? « Il ne nous pousserait pas à demander, dit ce saint Docteur, s'il ne voulait pas nous exaucer ? ». Le Seigneur ne nous engagerait certainement pas à lui demander ses grâces s'il n'était pas décidé à nous les accorder. Or il ne cesse de nous y exhorter maintes et maintes fois dans les Saintes Écritures : Priez, demandez, cherchez, etc., et vous obtiendrez tout ce que vous désirez : « Demandez ce que vous voudrez et vous l'aurez » (Jn 15, 7). Pour nous inculquer cette confiance, le Seigneur nous a appris, dans le Pater Noster, à appeler Dieu, lorsque nous recourons à lui pour lui demander ses grâces, et elles sont toutes contenues déjà dans l'oraison dominicale, non pas Seigneur, mais Père : Notre Père ! Il veut, en effet, que nous recourions à Dieu avec la confiance même d'un enfant pauvre ou malade qui sollicite de son propre père des moyens de subsistance ou quelque remède. Si un enfant est sur le point de mourir de faim, il suffit qu'il paraisse devant son père et celui-ci aussitôt lui fournira de la nourriture. Si l'enfant vient à être mordu par un serpent venimeux, il suffira qu'il montre sa blessure à son père et celui-ci y appliquera aussitôt le remède voulu.

Prenant donc appui sur les promesses divines, prions toujours avec une confiance, non pas vacillante, mais solide et ferme, comme dit l'Apôtre Paul : « Gardons indéfectible la confession de l'espérance, car celui qui a promis est fidèle » (He 10, 23). Aussi certain que Dieu est fidèle en ses promesses, aussi certaine doit être notre confiance qu'il nous exaucera. Peut-être nous trouverons-nous parfois dans un état d'aridité spirituelle ou serons-nous troublés par quelque faute, et ne ressentirons-nous pas dans la prière la confiance sensible que nous souhaiterions ? Efforçons-nous cependant de prier, parce que Dieu ne manquera pas de nous exaucer, et même d'autant mieux que nous prierons alors en nous défiant davantage de nous-mêmes et en nous appuyant uniquement sur la bonté et la fidélité de Dieu, qui a promis d'exaucer qui le prie. Oh ! comme le Seigneur se réjouit de nous voir dans nos moments de tribulations, de craintes, de tentations, espérer contre toute espérance, c'est-à-dire réagir contre le sentiment de défiance qui provoque en nous notre désolation intérieure. L'Apôtre Paul loue à ce sujet le Patriarche

Abraham dont il est dit : « Espérant contre toute espérance ; il crut » (Rm 4,18). Selon saint Jean, qui met en Dieu une ferme confiance se sanctifie certainement : « Quiconque a cette espérance en lui se rend saint comme lui-même (Jésus) est saint » (1 Jn 3, 3), parce que Dieu fait abonder les grâces en tous ceux qui ont confiance en lui. C'est par cette confiance que tant de martyrs, de jeunes filles et d'enfants, ont pu, malgré la frayeur que leur inspiraient les tortures préparées par les tyrans, supporter ces souffrances et braver les bourreaux. Quelquefois, dis-je, nous prions, mais il nous semble que Dieu ne veuille pas nous écouter : continuons alors à prier et à espérer ! Disons comme Job : « Il peut me tuer, je n'ai d'autre espoir » (Jb 13, 15). Mon Dieu, alors même que vous me chasseriez loin de vous, je ne cesserai pas de vous prier et d'espérer en votre miséricorde.

Agissons de même et nous obtiendrons du Seigneur tout ce que nous souhaitons. C'est bien ce que fit la Cananéenne, et Jésus exauça tous ses désirs. Cette femme, dont la fille était possédée du démon, priait le Rédempteur de l'en délivrer : « Aie pitié de moi... Ma fille est cruellement tourmentée par le démon » (Mt 15, 22-29). Je ne suis pas envoyé pour les étrangers, lui répondit Jésus, mais uniquement pour les Juifs. Mais elle ne se découragea pas et continua à prier avec confiance : Seigneur, vous pouvez me consoler, vous devez me consoler : « Il ne sied pas de prendre le pain des enfants et de le jeter aux petits chiens ». « Mais, mon Seigneur, ajouta-telle, justement les petits chiens mangent des miettes qui tombent de la table de leur maîtres ! » Jésus loua cette femme de sa confiance et lui accorda la faveur qu'elle demandait « Ô femme, grande est ta foi ! Qu'il advienne selon ton désir ! ». Qui n'a jamais appelé Dieu à son secours, dit Ben Sirac le Sage, et s'est vu méprisé de lui et pas secouru ? « Qui l'a imploré sans avoir été écouté » (Si 2, 10). Pour saint Augustin, la prière est une clé qui ouvre le ciel en notre faveur ; à l'instant même où notre prière monte vers Dieu, la grâce que nous demandons descend vers nous : « La prière du juste est la clé du ciel ; monte la prière et descend la compassion de Dieu ». Le Prophète-Roi a écrit : nos demandes vont de pair avec la miséricorde de Dieu : « Béni soit Dieu qui n'a pas écarté ma prière ni son amour loin de moi » (Ps 66 (65), 20). Saint Augustin ajoute : quand nous prions le Seigneur, nous devons être sûrs que déjà il nous exauce : « Tu n'as pas éloigné de toi la prière ? Sois sûr qu'alors sa miséricorde ne s'est pas non plus éloignée de toi ». Vraiment, jamais je ne me sens plus tranquille et confiant pour mon salut que lorsque je suis occupé à prier Dieu et à me recommander à lui. Tous les autres fidèles éprouvent sans doute le même sentiment. Les autres signes de notre salut sont incertains et trompeurs. Ce qui est certain et infaillible, c'est que Dieu exauce ceux qui le prient avec confiance, tout comme il est absolument certain que Dieu ne peut manquer à ses promesses.

Quand nous nous sentons faibles et incapables de surmonter quelque passion ou quelque grande difficulté ou pour accomplir ce que le Seigneur nous demande, disons courageusement avec l'Apôtre : « Je puis tout en celui qui me rend fort » (Ph 4, 13). Ne disons pas comme certains : ce n'est pas possible, je n'ai pas confiance. Bien sûr, par nos propres forces nous ne pouvons rien, mais avec le secours de Dieu, nous pouvons tout. Supposons que Dieu dise à quelqu'un : Prends cette montagne sur tes épaules, je vais t'aider à la porter. Celui qui répondrait : Non, je n'en ai pas la force, ne serait-il pas un sot ou un infidèle ? De même, quand nous nous reconnaissons misérables et faibles et que les tentations nous assaillent plus violemment, ne nous décourageons pas, levons les yeux vers le Seigneur et disons comme David : « Yahvé est pour moi, plus de crainte, que me fait l'homme à moi ? » (Ps 118 (117), 6). Avec l'aide de mon Seigneur, je vaincrai et mépriserai tous les assauts de mes ennemis. Quand nous sommes en danger d'offenser Dieu ou dans quelque situation grave et que, dans notre trouble, nous ne savons que faire, recommandons-nous à Dieu : « Yahvé est ma lumière et mon salut, de qui aurais-je crainte ? » (Ps 27 (26), 1). Soyons sûrs qu'alors Dieu nous donnera sa lumière et nous préservera de tout mal.

Mais je suis un pécheur, objectera quelqu'un, et je lis dans la Sainte Écriture : « Dieu n'écoute pas les pécheurs ». Saint Thomas répond avec saint Augustin : cette parole fut dite par l'aveugle-né avant sa guérison : « Cette parole fut dite par l'aveugle alors qu'il était imparfaitement éclairé ; elle n'est donc pas valable ». Le Docteur Angélique ajoute : « C'est vrai quand il s'agit d'un pécheur qui fait une prière de pécheur », c'est-à-dire quand il demande de pouvoir continuer à pécher : par exemple, si quelqu'un priait Dieu de l'aider à se venger de son ennemi ou à réaliser quelque projet pervers. C'est vrai aussi du pécheur qui demande à Dieu de le sauver, mais qui n'a pas le moindre désir de sortir de son état de péché. Il est des malheureux qui aiment les chaînes d'esclaves avec lesquelles le démon les tient prisonniers. Leurs prières ne sont pas exaucées parce qu'elles sont téméraires et abominables. Y a-t-il plus grande témérité que de vouloir demander des faveurs à un prince que l'on a plusieurs fois offensé et que l'on se propose d'offenser encore ? C'est ainsi qu'il faut comprendre la parole du Saint Esprit : Dieu déteste et hait la prière de celui qui se bouche les oreilles pour ne pas entendre ce que Dieu commande : « Qui se bouche les oreilles pour ne pas entendre la loi, sa prière même est une abomination » (Pr 28, 9). Le Seigneur leur dit : inutile de prier, je détournerai mes yeux de vous et je ne vous exaucerai pas : « Quand vous étendez les mains, je détourne les yeux ; vous avez beau multiplier les prières, moi je n'écoute pas » (Is 1, 15).

Telle était précisément la prière du roi impie Antiochus : il priait Dieu et lui faisait de grandes promesses, mais avec un cœur hypocrite et endurci dans le péché, uniquement pour échapper au châtiment qui le menaçait ; aussi le Seigneur ne prêta-t-il pas l'oreille à ses prières et il mourut rongé par les vers : « Mais les prières de cet être abject allaient vers un Maître qui ne devait plus avoir pitié de lui » (2 M 9, 13).

D'autres pèchent par fragilité ou poussés par quelque grande passion. Ils gémissent sous le joug de l'ennemi ; ils désirent rompre ces chaînes de mort et sortir de cette misérable servitude et ils appellent le Seigneur à leur secours. S'ils persévèrent dans la prière, ils seront écoutés du Seigneur : tous ceux qui demandent reçoivent, a-t-il dit, et ceux qui cherchent la grâce la retrouvent : « Quiconque demande reçoit ; qui cherche trouve... » (Mt 7, 8). « Quiconque, explique l'auteur de l'Oeuvre Imparfaite, qu'il soit juste ou pécheur ». En saint Luc, Jésus parle de cet homme qui donna à son ami tous ses pains, non pas tellement par amitié, mais plutôt parce que celui-ci l'importunait : « Je vous le dis, même s'il ne se lève pas pour les lui donner en qualité d'ami, il se lèvera du moins à cause de son impudence et lui donnera tout ce dont il a besoin » (Lc 11, 8). Ainsi la prière persévérante obtient de Dieu miséricorde, même en faveur de ceux qui ne sont pas ses amis. Ce qui ne s'obtient pas par l'amitié, dit saint Jean Chrysostome, l'est par la prière : « Ce que n'a pas accompli l'amitié, la prière l'a réalisé ». Il affirme également : « Près de Dieu, l'amitié a moins de valeur que la prière... ». Saint Basile affirme lui aussi, « les pécheurs eux-mêmes obtiennent ce qu'ils demandent, s'ils le font avec persévérance ». Saint Grégoire dit de même : « Qu'il crie le pécheur et sa prière parviendra jusqu'à Dieu ».

Saint Jérôme écrit de son côté : Même le pécheur peut appeler Dieu son Père, s'il le prie de l'accepter de nouveau comme fils, comme l'Enfant Prodigue qui dit : « Père j'ai péché, avant même d'être pardonné ». Si Dieu n'exauçait pas les pécheurs, dit saint Augustin, ce publicain aurait bien dit pour rien : « Aie pitié de moi, pécheur ! ». Mais l'Évangile nous l'atteste : il obtint bel et bien le pardon : « Ce dernier descendit chez lui justifié » (Lc 18, 14). Mais c'est le docteur Angélique qui examine ce point le plus en détail. Il ne craint pas d'affirmer que même le pécheur qui prie est exaucé, bien que sa prière ne soit pas méritoire. Il a pourtant la force de demander. D'ailleurs la prière ne s'appuie pas sur la justice de Dieu, mais sur la grâce de Dieu : « Le mérite est fondé sur la justice, mais l'impétration sur la grâce de Dieu ». Aussi Daniel pouvait-il dire : « Prête l'oreille, mon Dieu, et écoute !... Ce n'est pas en raison de nos œuvres justes que nous répandons devant toi nos supplications, mais en raison de tes grandes miséricordes » (Dn 9, 18). Lors donc que nous prions, dit saint Thomas, il n'est pas nécessaire d'être les amis de Dieu pour obtenir ses grâces : « C'est la prière elle-même qui nous rend ses amis ». Saint Bernard ajoute une autre bonne raison : la demande du pécheur naît du désir de sortir de son péché et de retrouver la grâce de Dieu. Or, ce désir est un don qui ne lui vient certainement pas d'un autre que Dieu lui-même. Pourquoi donc, continue le saint, Dieu inspirerait-il ce désir au pécheur, s'il ne voulait pas le convertir ? « Dans quel but donnerait-il ce désir, s'il n'avait pas l'intention de l'exaucer ? ». Les Saintes Écritures contiennent de nombreux exemples de pécheurs qui ont été délivrés du péché : le roi Achab (1 R 21-27), le roi Manassé (2 Ch 33), le roi Nabuchodonosor (Dn 4), le bon larron (Lc 23, 43). C'est une chose magnifique que la prière ! Et combien efficace ! Voilà deux pécheurs qui meurent sur le Calvaire, à côté de Jésus : parce qu'il prie : « Souviens-toi de moi », l'un est sauvé, parce qu'il ne prie pas, l'autre se damne.

En un mot, dit saint Jean Chrysostome : « Nul ne lui a jamais demandé, en se repentant, ses bienfaits sans obtenir ce qu'il voulait ». Aucun pécheur repentant n'a prié le Seigneur sans obtenir ce qu'il désirait. Mais à quoi bon rapporter encore des témoignages et des arguments pour le prouver ? Jésus lui-même n'a-t-il pas dit : « Venez à moi, vous tous, qui peinez et ployez sous le fardeau, et moi je vous soulagerai » (Mt 11, 28). Ces mots « vous qui ployez sous le fardeau » désignent, selon saint Jérôme, saint Augustin et d'autres, les pécheurs qui gémissent sous le poids de leurs fautes. S'ils recourent à Dieu, celui-ci les remettra sur pied, il l'a promis, et les sauvera par sa grâce. Saint Jean Chrysostome assure : le désir que nous avons d'être pardonnés n'est rien à côté du désir ardent de Dieu de nous pardonner : « Tu désires bien moins être pardonné de tes péchés que lui ne désire te les pardonner ! ». Pas de grâce qui ne s'obtienne par la prière persévérante ajoute le saint, même si elle vient du pécheur le plus perdu : « Quelqu'un serait-il coupable de mille péchés, il n'est rien que sa prière ne puisse obtenir, du moment qu'elle est ardente et persévérante ». Notons bien ce que dit saint Jacques : « Si l'un de vous manque de sagesse qu'il la demande à Dieu — il donne à tous généreusement, sans incriminer » (Jc 1, 5). Dieu ne manque donc jamais d'exaucer et de combler de grâces tous ceux qui le prient : « Il donne à tous généreusement » ! Mais que signifie « sans incriminer » ? Dieu n'agit pas comme les hommes. En effet, supposons que vienne leur demander une faveur quelqu'un qui, dans le passé, les a un jour offensés, ils vont lui faire aussitôt reproche de l'outrage reçu. Le Seigneur n'agit pas ainsi. Celui qui le prie serait-il le plus grand pécheur du monde, du moment qu'il demande au Seigneur une grâce utile à son salut éternel, celui-ci ne va pas lui reprocher les déplaisirs qu'il lui a causés. Au contraire, le Seigneur lui fait aussitôt bon accueil, le console, l'exauce et le comble abondamment de ses dons, comme si jamais il n'avait été offensé. Et pour nous encourager à le prier, le divin Rédempteur nous dit : « En vérité, en vérité, je vous le dis, ce que vous demanderez au Père, il vous le donnera en mon nom » (Jn 16, 23). C'est comme s'il disait : allons ! pécheurs, ne perdez pas courage ! Que vos péchés ne vous empêchent pas de recourir à mon Père et d'espérer de lui votre salut ! Vous ne méritez certes pas d'obtenir ses grâces, vous ne méritez que des châtiments. Mais allez trouver mon Père en mon nom : demandez par mes mérites les grâces que vous désirez ; je vous promets et même je vous jure, « en vérité, en vérité, je vous le dis », que tout ce que vous demanderez à mon Père, celui-ci vous l'accordera. Ô Mon Dieu, quelle plus grande consolation pourrait donc avoir un pécheur, après toutes ses misères, que de savoir de façon certaine qu'il recevra tout ce qu'il demandera au nom de Jésus Christ ?

Je dis bien « tout » : oui, tout ce qui regarde le salut éternel. Nous avons parlé plus haut des biens temporels : il arrive que le Seigneur ne nous les accorde pas parce qu'il voit que ces biens feraient du mal à notre âme. Quant aux biens spirituels, sa promesse est sans condition ni restriction. Aussi saint Augustin nous exhorte-t-il à demander, avec une entière confiance, les biens qu'il nous promet de façon absolue : « Demandez avec une pleine assurance ce que Dieu promet ». Comment, écrit le saint, le Seigneur pourrait-il nous refuser quelque chose quand nous le lui demandons avec confiance. Il a un désir encore plus grand de donner que nous de recevoir ! « Il aspire à te dispenser ses bienfaits plus que tu n'aspires toi-même à les recevoir ».

Saint Jean Chrysostome assure : « Le Seigneur ne s'irrite contre nous que lorsque nous négligeons de solliciter ses dons : il ne s'irrite que lorsque nous ne demandons pas ». Comment Dieu pourrait-il ne pas exaucer quelqu'un qui ne lui demande que des choses qui lui sont agréables ? Voilà quelqu'un qui lui dit : « Seigneur, je n'attends pas de vous les biens de ce monde, richesses, plaisirs, honneurs ; je ne vous demande que votre grâce ; délivrez-moi du péché ; accordez-moi de faire une bonne mort ; donnez-moi le Paradis et votre saint amour (la grâce qui est à demander par-dessus tout, dit saint François de Sales), ainsi que la soumission à votre volonté… » comment Dieu pourrait-il ne pas l'écouter ? « Quelles demandes exaucerez-vous donc, mon Dieu, si vous repoussez celles-là qui vous vont droit au cœur », dit saint Augustin : « Seigneur, quelles prières exauces-tu si tu n'exauces pas celles-ci ? ». Mais ce qui doit surtout exciter notre confiance, ce sont les paroles mêmes de Jésus : « Si donc vous, qui êtes mauvais, vous savez donner de bonnes choses à vos enfants, combien plus le Père du ciel donnera-t-il l'Esprit

Saint à ceux qui l'en prient ! » (Lc 11, 13). Vous, dit le Rédempteur, qui êtes si accrochés à vos propres intérêts, parce que gonflés d'amour de vous-mêmes, vous ne savez pas refuser à vos enfants ce qu'ils vous demandent. Combien plus votre Père du ciel, qui vous aime plus que tous les pères de ce monde, vous accordera-t-il les biens spirituels, quand vous l'en priez !

III. LA PERSÉVÉRANCE REQUISE DANS LA PRIÈRE

Suffit-il que nos prières soient humbles et confiantes pour nous obtenir la persévérance finale et le salut éternel ? Les prières particulières vous procureront bien les grâces particulières, mais, si elles ne sont pas persévérantes, nous n'obtiendrons pas la Persévérance finale. Parce qu'elle suppose beaucoup de grâces, celle-ci exige des prières multiples et à continuer jusqu'à la mort. La grâce du salut n'est pas une grâce unique, mais toute une chaîne de grâces qui ne font ensuite plus qu'un avec la Persévérance finale ; à cette chaîne de grâces doit correspondre, pour ainsi dire, une autre chaîne, celle de nos prières. Si nous négligeons de prier et si nous brisons ainsi la chaîne de nos prières, se brisera aussi la chaîne de grâces nécessaires à notre salut, et nous ne serons pas sauvés !

Certes, nous ne pouvons pas mériter la Persévérance, ainsi que l'enseigne le saint Concile de Trente : « Pareillement au sujet du don de la Persévérance », dont il est écrit : « Celui qui persévérera jusqu'à la fin sera sauvé » (Mt 10, 22 ; 24, 13), ce qui est impossible sans celui qui « a le pouvoir de maintenir celui qui est debout, pour qu'il continue de l'être » (Rm 14, 4). Saint Augustin dit cependant : on peut très bien mériter par nos prières ce grand don de la Persévérance : « Ce don de Dieu on peut donc le mériter par la prière ». Le Père F. Suarez ajoute : Celui qui prie l'obtient infailliblement. Mais il faut, dit saint Thomas, que la prière soit persévérante et continue : « Après le baptême, pour que l'homme entre au ciel, la prière continuelle lui est nécessaire ». Notre Seigneur l'a déclaré lui-même plusieurs fois : « Il leur disait... qu'il leur fallait prier sans cesse et ne pas se décourager » (Lc 18, 1). « Veillez donc et priez en tout temps, afin d'avoir la force d'échapper à tout ce qui doit arriver, et de vous tenir debout devant le Fils de l'homme » (Lc 21,36). L'Ancien Testament affirme de même : « Que rien ne t'empêche de prier toujours » (Qo 18, 22)... « En toute circonstance, bénis le Seigneur Dieu, demande-lui de diriger tes voies et de faire aboutir tes sentiers » (Tb 4, 19). L'Apôtre Paul inculquait à ses disciples de ne jamais cesser de prier : « Priez sans cesse » (1 Th 5, 17). « Soyez assidus à la prière » (Col 4, 2). « Ainsi je veux que les hommes prient en tout lieu » (1 Tm 2). Le Seigneur veut bien nous accorder la Persévérance et la vie éternelle, dit saint Nil, mais uniquement à ceux qui la demandent avec persévérance : « Il veut combler de bienfaits ceux qui persévèrent dans la prière ». Avec la grâce beaucoup de pécheurs arrivent à se convertir à Dieu et à recevoir le pardon ; mais s'ils cessent de demander la persévérance, ils retournent au péché et perdent tout.

Il ne suffit pas, dit Bellarmin, de demander la grâce de la Persévérance une fois en passant ou rarement, mais toujours, chaque jour, jusqu'à la mort : « La demander chaque jour pour l'obtenir chaque jour ». Qui la demande un jour l'aura pour ce jour-là ; s'il ne la demande pas demain, demain il tombera ! C'est ce que nous enseigne la parabole de l'ami qui ne consentit à donner du pain à l'importun qu'après une longue insistance : « Même s'il ne se lève pas pour les lui donner en qualité d'ami, il se lèvera du moins à cause de son impudence et lui donnera tout ce dont il a besoin » (Lc 11, 8). « Cet ami, dit saint Augustin, finit par lui donner les pains qu'il demande, bien qu'à contrecœur et pour se débarrasser de cet importun ». À combien plus forte raison, Dieu, la bonté infinie, qui a un tel désir de nous communiquer ses biens, ne nous accordera-t-il pas ses grâces ? Il nous y exhorte lui-même et il lui déplaît que nous ne le fassions pas. Le Seigneur veut donc bien nous accorder le salut et toutes les grâces nécessaires pour cela, mais il désire que nous les demandions inlassablement jusqu'à l'importunité.

Cornélius à Lapide commente ainsi cet Évangile : « Dieu veut que nous persévérions dans la prière jusqu'à l'importunité ». Les gens d'ici-bas ne peuvent pas souffrir les importuns ; mais, non seulement Dieu nous supporte, mais il désire précisément que nous allions jusqu'à l'importunité, spécialement pour obtenir la sainte Persévérance. Selon saint Grégoire, Dieu veut qu'on lui fasse violence par la prière. Cette violence ne l'irrite pas, mais elle attire sa clémence : « Dieu veut être appelé, il veut être forcé, il veut être vaincu par une certaine importunité… Dieu n'est pas offensé par la bonne violence, mais apaisé ».

Pour obtenir la Persévérance, il faut donc nous recommander sans cesse à Dieu, le matin, le soir, à la méditation, à la messe, à la communion, toujours et spécialement au moment des tentations. Il faut répéter alors : Seigneur, Seigneur, assistez-moi, protégez-moi, ne m'abandonnez pas, ayez pitié de moi ! Qu'y a-t-il de plus facile que de lancer ces appels vers le Seigneur ? Sur les paroles du Psalmiste : « Le chant qu'elle m'inspire est une prière à mon Dieu vivant » (Ps 42, 9). La Glose fait cette remarque : « Quelqu'un objectera : je ne peux pas jeûner ni faire des aumônes, mais quand il s'agit de prier son objection ne tient pas », parce qu'il n'y a rien de plus facile que de prier. Mais il ne faut jamais cesser de prier. Il faut faire continuellement violence à Dieu pour qu'il nous aide à chaque instant : cette violence lui est chère et agréable. « Cette violence est chère à Dieu », écrit Tertullien, et saint Jérôme dit de même : plus nos prières sont persévérantes et importunes, plus Dieu les accepte : « La prière est d'autant plus agréable à Dieu qu'elle est importune plus longtemps ! ». « Heureux, l'homme qui m'écoute qui veille jour après jour à mes portes » (Pr 8,34). Bienheureux, l'homme, dit Dieu, qui m'écoute et qui veille sans cesse par ses saintes prières aux portes de ma miséricorde ! Et Isaïe assure : « Bienheureux, tous ceux qui espèrent en lui et qui l'attendent » (Is 30, 18). Oui, bienheureux, ceux qui jusqu'à la fin attendent, en priant, leur salut éternel du Seigneur. Aussi, dans l'Évangile, Jésus nous exhorte-t-il à prier, mais en quels termes ? « Demandez et l'on vous donnera, cherchez et vous trouverez, frappez et l'on vous ouvrira » (Lc 11, 9). Il lui aurait suffi de dire : « Demandez ». À quoi bon ajouter « cherchez » et « frappez » ? Mais ces mots ne sont pas superflus ; le Rédempteur a voulu nous apprendre par là que nous devons imiter les pauvres qui vont mendier : s'ils ne reçoivent pas d'aumône et sont renvoyés, ils ne se découragent pas et reviennent à la charge. Si le maître de maison ne se montre plus, ils se mettent à frapper aux portes jusqu'à en devenir très importuns et ennuyeux. Dieu veut que nous fassions de même : que nous priions, que nous recommencions à prier, que nous ne cessions jamais de lui demander de nous assister, de nous secourir, de nous donner lumière et force, et de ne permettre jamais que nous perdions sa grâce. Le savant Lessius affirme : Si quelqu'un est en état de péché ou en danger de mort et qu'il ne prie pas, il commet une faute grave, de même que celui qui omet de prier pendant une période importante c'est-à-dire, d'après lui, pendant un ou deux mois, mais ceci est vrai en dehors du moment de la tentation. En effet, lorsqu'on est assailli par quelque dangereuse tentation, on pèche gravement, sans aucun doute, si l'on ne demande pas à Dieu la force d'y résister ; car on s'expose au danger prochain et même certain d'y succomber.

Mais, objectera quelqu'un : puisque le Seigneur peut et veut me donner la sainte Persévérance, pourquoi ne me l'accorde-t-il pas une fois pour toutes, quand je la lui demande ? Les Saints Pères énumèrent de nombreuses raisons. Dieu ne la concède pas une fois pour toutes et il la diffère, d'abord pour mieux éprouver notre confiance. Ensuite, dit saint Augustin, pour nous la faire désirer plus ardemment. Le saint écrit : Les grandes grâces doivent faire l'objet d'un grand désir. Les biens que l'on obtient sitôt demandés sont moins appréciés que ceux longtemps désirés : « Dieu ne veut pas donner aussitôt, afin que tu apprennes à désirer très fort les grands dons ; ce qui est longtemps désiré est reçu avec d'autant plus de joie ; ce qui est vite accordé perd de son prix ». Il le fait également pour que nous ne l'oubliions pas. Si nous étions déjà sûrs de notre Persévérance et de notre salut, si nous n'avions pas continuellement besoin de lui pour garder sa grâce et faire notre salut, nous oublierions facilement Dieu. Le besoin amène les pauvres à fréquenter les maisons des riches. Pour nous attirer à lui, dit saint Jean Chrysostome, pour nous voir souvent à ses pieds et pour mieux nous combler, le Seigneur diffère jusqu'au moment de notre mort le don de la grâce plénière du salut : « S'il diffère, ce n'est nullement qu'il refuse nos prières, mais il veut ainsi nous rendre diligents et nous attirer à lui ». Et puis, au fur et à mesure que nous continuons à prier, nous nous attachons davantage à lui par les doux liens de l'amour : « La prière, ajoute saint Jean Chrysostome, n'est pas un mince lien d'amour avec Dieu : elle nous habitue à dialoguer avec lui ». Ce continuel recours à Dieu par la prière, cette attente confiante de ses grâces, quel feu ardent ! quel solide lien d'amour ! bien capables d'enflammer notre cœur et de nous attacher plus étroitement à Dieu ! Mais jusqu'à quand doit-on prier ? Toujours, répond ce même saint, jusqu'à ce que nous recevions la sentence favorable du salut éternel, c'est-à-dire jusqu'à la mort : « Ne t'arrête pas, continue-t-il, tant que tu n'as pas reçu ! ». Et il ajoute : Celui qui se dit : je ne cesserai pas de prier, tant que je ne serai pas sauvé, celui-là est sûr de son salut : « Si tu dis : je ne me retirerai pas avant d'avoir reçu, tu recevras certainement ». L'Apôtre Paul écrit : beaucoup courent après la récompense, mais un seul la reçoit, celui qui réussit à la saisir : « Ne savez-vous pas que, dans les courses du stade, tous courent, mais un seul obtient le prix ? Courez donc de manière à le remporter ! » (1 Co 9, 24). Il ne suffit donc pas de prier pour faire son salut ; il faut prier inlassablement jusqu'à ce que nous recevions la couronne que Dieu a promise, mais uniquement à ceux qui sont fidèles à le prier jusqu'à la fin. Si nous voulons faire notre salut, nous devons imiter le roi David qui tenait toujours les yeux tournés vers le Seigneur : « Mes yeux sont fixés sur Yahvé, car il tire mes pieds du filet » (Ps 25 (24), 15). Le démon nous tend continuellement des pièges pour nous dévorer, comme l'écrit saint Pierre : « Votre adversaire, le diable, comme un lion rugissant, rôde, cherchant qui dévorer » (1 P 5, 8).

Nous devons donc rester continuellement les armes à la main, pour nous défendre contre cet ennemi, et pour dire avec le Prophète-Roi : « Je poursuis mes ennemis et les atteins, je ne reviens pas qu'ils ne soient achevés » (Ps 18 (17), 38). Je ne m'arrêterai pas de combattre tant que je ne verrai pas mes ennemis vaincus. Mais comment remporter cette victoire si importante et si difficile ? « Par des prières très persévérantes », nous répond saint Augustin, uniquement par des prières mais très persévérantes. Et jusqu'à quand ? Tant que durera le combat. « De même que le combat ne cesse jamais, dit saint Bonaventure, ainsi ne cessons jamais d'implorer miséricorde ». Nous devons continuellement lutter. Nous devons donc demander continuellement à Dieu son secours pour ne pas être vaincus.

Malheur, dit le Sage, à ceux qui dans ce combat cessent de prier. « Malheur à ceux qui ont perdu la patience » (Si 2, 14). L'Apôtre Paul nous en avertit : nous ne ferons notre salut qu'à cette condition : « Pourvu que nous gardions l'assurance et la joyeuse fierté de l'espérance » (He 3, 6). C'est-à-dire si nous sommes fidèles à prier avec confiance jusqu'à la mort.

Encouragés par la miséricorde de Dieu et par ses promesses, disons donc avec l'Apôtre Paul : « Qui nous séparera de l'amour du Christ, la tribulation, l'angoisse, la persécution, la faim, la nudité, les périls, le glaive ? » (Rm 8, 35). Oui, qui pourra nous séparer de l'amour de Jésus Christ ? Peut-être la tribulation ? Le danger de perdre les biens de cette terre ? Les persécutions des démons ou des hommes ? Les tortures des tyrans ? « Mais en tout cela, nous encourage saint Paul, nous sommes les grands vainqueurs par celui qui nous a aimés » (Rm 8, 37). Aucune tribulation, disait-il, aucune angoisse, aucun danger, aucune persécution ou torture, ne pourra jamais nous séparer de l'amour de Jésus Christ. Nous triompherons de tout avec l'aide de Dieu et en combattant pour ce Seigneur qui a donné sa vie pour nous. Le Père Ippolito Durazzo avait décidé de quitter la prélature romaine et de se consacrer tout entier à Dieu pour entrer dans la Compagnie de Jésus. Il craignait d'être infidèle à cause de sa faiblesse : « Ne m'abandonnez pas Seigneur, disait-il, maintenant que je me suis donné tout à vous ; par pitié, ne m'abandonnez pas ! Mais il entendit Dieu lui dire au fond du cœur : « C'est bien plutôt toi qui ne dois pas m'abandonner ». Oui, lui disait le Seigneur, c'est bien plutôt à toi de ne pas m'abandonner ! Confiant en la bonté de Dieu et en sa grâce, le Serviteur de Dieu finit par dire : « Vous ne m'abandonnerez donc pas. Eh bien, moi non plus je ne vous abandonnerai pas ! ».

En conclusion, si nous ne voulons pas que Dieu nous abandonne, prions-le inlassablement de ne pas nous abandonner ! Il est certain qu'il nous assistera toujours. Il ne permettra jamais que nous le perdions et que nous nous séparions de son amour. Efforçons-nous donc de demander sans cesse la Persévérance finale et les grâces nécessaires pour cela. Demandons toujours en même temps la grâce d'être fidèle à prier. C'est là précisément la grande faveur qu'il a promise à ses élus par la bouche du Prophète : « Je répandrai sur la maison de David et sur l'habitant de Jérusalem un esprit de grâce et de supplication » (Za 12, 10). Oh ! que l'esprit de prière est une grande grâce ! Quelle grâce que celle de prier sans cesse ! Demandons inlassablement cet esprit de prière ! Soyons sûrs que, si nous prions sans cesse, nous obtiendrons certainement la Persévérance et toutes les autres grâces que nous désirons : le Seigneur ne peut être infidèle à sa promesse d'exaucer ceux qui le prient. « C'est en espérance que nous sommes sauvés » (Rm 8, 24). Avec cette espérance de toujours prier, nous pouvons être sûrs de notre salut : « La confiance nous assurera une large entrée dans cette Sainte Cité ». Cette espérance, disait le Vénérable Bède, nous garantira certainement l'entrée dans la Cité de Dieu.

PARTIE II

Nous avons donc solidement établi, dans le chapitre premier de la Première Partie, la nécessité où nous sommes tous de prier pour faire notre salut. Nous devons considérer aussi comme certain que chacun reçoit de Dieu la grâce de prier actuellement, effectivement et concrètement, sans avoir besoin pour cela d'une autre grâce particulière. Nous obtenons ainsi toutes les autres grâces nécessaires pour pratiquer les commandements et acquérir la vie éternelle. Si quelqu'un se perd, il ne peut pas prétexter qu'il a manqué des secours nécessaires. Dans l'ordre naturel, Dieu a fixé que l'homme naîtrait nu et qu'il lui faudrait un certain nombre de choses pour vivre. Il lui a donné des mains et une intelligence, grâce auxquelles il peut arriver à se vêtir et à pourvoir à ses autres besoins. De même, dans l'ordre surnaturel, nous sommes incapables d'obtenir par nos seules forces le salut éternel mais le Seigneur, dans sa bonté, accorde à chacun la grâce de la prière. Nous pouvons ensuite demander toutes les grâces nécessaires pour pratiquer les commandements et faire notre salut.

Avant d'aborder ce problème, il convient d'établir deux préliminaires :

- Le premier : Dieu veut le salut de tous les hommes. Aussi Jésus Christ est-il mort pour tous.
- Le second : Dieu donne à tous les grâces nécessaires au salut : en y correspondant chacun peut faire son salut.

CHAPITRE I. PRÉLIMINAIRE : DIEU VEUT LE SALUT DE TOUS. À CAUSE DE CELA, JÉSUS CHRIST EST MORT POUR LES SAUVER TOUS.

Dieu aime tout ce qu'il a créé : « Tu aimes, en effet, tout ce qui existe et tu n'as de dégoût pour rien de ce que tu as fait » (Sg 11, 24). L'amour ne peut pas rester à ne rien faire : « Tout amour a sa force, dit saint Augustin, il ne peut rester inactif ». L'amour implique nécessairement la bienveillance et celui qui aime ne peut s'empêcher de faire du bien à la personne aimée, chaque fois qu'il le peut : « Quand on aime, on s'efforce de faire pour la personne aimée ce que l'on croit bon pour elle », a écrit Aristote. Si donc Dieu aime tous les hommes, il veut que tous obtiennent le salut éternel, qui est l'unique et suprême bien de l'homme, l'unique fin pour laquelle il les a créés : « Vous avez pour fruit la sainteté et pour fin la vie éternelle » (Rm 6, 22).

Dieu veut le salut de tous les hommes et Jésus Christ est mort pour le salut de tous : c'est là la doctrine certaine et universelle de l'Église. Les théologiens, Petau, Gonet, Gotti, etc. l'affirment communément. Tournely ajoute même que c'est une doctrine très proche de la foi, « proxima fidei ».

C'est donc avec raison que furent condamnés les Prédestinatiens. Ceux-ci prétendaient, entre autres erreurs, comme on peut le voir chez Noris, Petau, et plus en détail encore chez Tournely, que Dieu ne veut pas le salut de tous les hommes. Hincmar, archevêque de Reims, l'affirme clairement dans sa lettre à Nicolas Ier : « Les anciens Prédestinatiens ont soutenu que Dieu ne veut pas le salut de tous les hommes, mais uniquement celui de ceux qui sont sauvés ». Ils furent condamnés d'abord par le Concile d'Arles, en 475 : « Si quelqu'un dit que le Christ n'est pas mort pour tous les hommes et qu'il ne veut pas que tous les hommes soient sauvés, qu'il soit anathème ! ». Au Concile de Lyon, en 495, Lucidus fut contraint de se rétracter et de déclarer : « Je condamne tous ceux qui disent que le Christ n'est pas mort pour le salut de tous ». Gotescalc, qui reprit la même erreur au 9e siècle, fut condamné par le Concile de Quiersy. L'article 3 déclarait : « Dieu veut que tous les hommes sans exception soient sauvés, même si tous ne le sont pas effectivement ». Et l'article 4 : « Il n'est personne pour qui le Christ n'ait pas souffert, même si tous ne sont pas rachetés effectivement par son sacrifice ». Enfin, cette même erreur fut condamnée dans la 12e et 30e proposition de Quesnel. Il est dit dans la 12e : « Quand Dieu veut sauver une âme, sa volonté est suivie infailliblement d'effet ». Et dans la 30e : « Tous ceux que Dieu veut sauver par le Christ sont infailliblement sauvés ». Ces propositions furent condamnées à juste titre, parce qu'elles signifiaient que Dieu ne veut pas le salut de tous. En disant « ceux que Dieu veut sauver le sont infailliblement », on soutenait indirectement que Dieu ne veut pas le salut de tous les fidèles et encore moins celui de tous les hommes.

Le Concile de Trente, session 6, chapitre 2, a clairement défini cette doctrine. Jésus est mort, y est-il dit, « afin que tous reçoivent le titre de fils adoptifs de Dieu ». Et au chapitre 3 : « Bien qu'il soit mort pour tous, il est vrai que tous ne reçoivent pourtant pas le bénéfice de sa mort ». Le Concile tient donc pour certain que le Rédempteur n'est pas mort pour les seuls Élus mais aussi pour tous ceux qui, par leur propre faute, ne profitent pas du bienfait de la Rédemption. On ne peut dire que le Concile a uniquement voulu affirmer que Jésus Christ a payé un prix suffisant pour le salut de tous. En effet, l'expression employée pourrait alors vouloir dire qu'il est mort aussi pour les démons. D'ailleurs, le Concile de Trente a voulu condamner ici l'erreur des Novateurs. Ceux-ci ne niaient pas que le sang de Jésus fût suffisant pour sauver tous les hommes mais ils disaient qu'en fait il n'avait pas été répandu et donné pour tous. Le Concile a condamné cette erreur en affirmant que le Sauveur est mort pour tous. Il dit en outre, au chapitre 6 : c'est par leur espérance en Dieu, basée sur les mérites de Jésus Christ, que les pécheurs se préparent à la justification : « Ce qui les porte à l'espérance, c'est qu'ils ont confiance que Dieu leur sera favorable à cause du Christ ». Or, si Jésus Christ n'avait pas appliqué à tous les hommes les mérites de sa Passion, personne ne pourrait être certain, sans une révélation particulière, d'être du nombre de ces heureux élus. Aucun pécheur ne pourrait nourrir cette espérance, car il n'aurait pas de preuve sûre et certaine, indispensable pourtant à l'espérance, que Dieu veut sauver tous les hommes et pardonner, en vertu de ses mérites, à tous les pécheurs bien disposés. Outre l'erreur déjà condamnée de Baïuslz : « Jésus Christ n'est mort que pour les élus », la condamnation vise aussi la 5ᵉ proposition de Jansénius : « Il est semi-pélagien de dire que le Christ est mort ou a versé son sang absolument pour tous les hommes ». Dans sa Constitution de 1653, Innocent X a déclaré expressément : c'est une impiété et une hérésie de dire que le Christ n'est mort que pour les seuls Élus. Par ailleurs, les Saintes Écritures et tous les Saints Pères nous assurent que Dieu veut sincèrement et vraiment le salut de tous les hommes et la conversion de tous les pécheurs, tant qu'ils vivent sur cette terre. Nous avons tout d'abord le texte très clair de saint Paul : « Lui qui veut que tous les hommes soient sauvés et parviennent à la connaissance de la vérité » (1 Tm 2, 4). La phrase de l'Apôtre est absolue et péremptoire. Au sens propre, ces mots indiquent que Dieu veut vraiment le salut de tous. C'est une règle certaine, universellement admise, que les paroles de la Sainte Écriture ne sont pas à prendre au sens figuré, sinon lorsque le sens littéral est contraire à la foi et aux bonnes mœurs. Saint Bonaventure parle absolument dans le même sens : « Lorsque l'Apôtre affirme que Dieu veut le salut de tous, nous devons admettre qu'il le veut ». Saint Augustin et saint Thomas rapportent, il est vrai, différentes interprétations données par certains à ce texte, mais ils l'ont entendu tous les deux dans le même sens : Dieu a vraiment la volonté de sauver tous les hommes sans exception. Nous verrons plus loin quelle était la pensée exacte de saint Augustin. Saint Prosper rejette comme injurieuse pour le saint Docteur la prétention que celui-ci ait pu supposer un seul instant que le Seigneur ne veut pas sincèrement sauver tous les hommes et chacun en particulier. Ce saint Prosper, qui fut son très fidèle disciple, a pu écrire : « On doit croire très sincèrement et professer que Dieu veut le salut de tous. Aussi l'Apôtre Paul, dont c'est bien l'opinion, recommande-t-il avec soin de prier Dieu pour tous ». Son argument est clair, car saint Paul commence par dire : « Je vous demande donc à tous de faire des supplications pour tous les hommes ». Et il ajoute : « C'est, en effet, une chose bonne et agréable à Dieu notre Sauveur, qui veut que tous les hommes soient sauvés ». Si l'Apôtre exige que l'on prie pour tous, c'est que Dieu veut le salut de tous.

Saint Jean Chrysostome emploie le même argument : « S'il veut le salut de tous, il faut à juste titre prier pour tous. S'il désire lui-même que tous soient sauvés, sois d'accord, toi aussi, avec ce qu'il veut ». Il semble que, dans sa discussion avec les semi-Pélagiens, Saint Augustin ait donné quelque part une interprétation différente du texte de saint Paul. Il aurait dit que Dieu ne veut pas le salut de chaque homme, mais uniquement d'un certain nombre. Mais le savant Petau a bien fait remarquer ceci : le saint ne parlait qu'incidemment et non explicitement de cette question, ou bien il entendait parler de la volonté absolue et victorieuse de Dieu, selon laquelle Dieu veut de façon absolue le salut de certains. Le saint a dit, en effet : « La volonté du Tout-Puissant est toujours victorieuse ». Voyons par ailleurs comment saint Thomas concilie la pensée de saint Augustin avec celle de saint Jean Damascène. Ce dernier soutient que Dieu veut, d'une volonté antécédente, le salut de tous et de chacun : « Parce qu'il est bon, Dieu veut d'abord le salut de tous pour nous rendre participants de sa bonté ; mais, parce qu'il est juste, il veut que les pécheurs soient punis ». Il semble que saint Augustin exprime quelque part un avis différent, comme nous l'avons dit. Mais saint Thomas concilie les deux opinions : Saint Jean Damascène parlait de la volonté antécédente de Dieu, selon laquelle il veut vraiment le salut de tous, tandis que saint Augustin parlait de la volonté conséquente. Saint Thomas explique ensuite ce qu'est cette volonté antécédente et conséquente de Dieu : « La volonté antécédente est celle par laquelle Dieu veut que tous les hommes soient sauvés. Mais, après examen de toutes les circonstances particulières à chacun, on ne trouve pas normal que tous soient effectivement sauvés. Il est normal, en effet, que celui qui se prépare au salut et qui le veut, soit sauvé, mais pas celui qui refuse et résiste… etc. Il s'agit de la volonté conséquente parce qu'elle suppose une connaissance préalable des œuvres, non comme cause de la volonté, mais comme raison de ce qui est voulu ».

Aussi le Docteur Angélique est-il du même avis : Dieu veut vraiment le salut de tous et de chacun. Et il le confirme en plusieurs autres endroits. À propos du texte : « Je ne chasserai pas celui qui vient à moi », il s'appuie sur l'autorité de saint Jean Chrysostome et fait dire au Seigneur : « Si je me suis incarné pour le salut des hommes, comment puis-je les rejeter ? Je ne les rejette donc pas puisque je suis descendu du ciel pour faire la volonté de Dieu qui veut le salut de tous ». Il assure ailleurs : « Dans sa volonté très généreuse, Dieu donne sa grâce à tous ceux qui s'y préparent. Il veut le salut de tous (1 Tm 2, 4). La grâce de Dieu ne fait donc défaut à personne, mais de par sa nature, elle se communique à tous ». Il le déclare encore plus expressément dans son commentaire du texte même de saint Paul : « Lui qui veut que tous les hommes soient sauvés » : « Le salut de tous les hommes, considéré en soi, trouve en Dieu sa raison, en tant qu'objet de sa volonté, et cette volonté est dite antécédente ; mais, après avoir considéré le bien de la justice et la nécessité de punir les péchés, il ne veut pas qu'il en soit ainsi, et cette volonté est dite conséquente ». On voit que le Docteur Angélique continue d'exprimer de la même façon ce qu'il entend par volonté antécédente et conséquente. Il confirme ici ce qu'il disait dans les Sentences, comme nous l'avons rapporté un peu plus haut. Il y ajoute seulement une comparaison, celle du négociant. Celui-ci veut, d'une volonté antécédente, sauver toutes ses marchandises, mais, quand survient la tempête, pour pouvoir sauver sa vie, il renonce aux marchandises. Ainsi continue, le saint, considérant la méchanceté de certains, Dieu veut qu'ils soient punis pour la satisfaction de sa justice et en conséquence il ne veut pas qu'ils soient sauvés ; mais, en soi, d'une volonté antécédente et vraie, il continue de vouloir le salut de tous. Comme il l'a dit précédemment ailleurs, la volonté de Dieu de sauver tous les hommes est absolue de sa part ; elle n'est conditionnelle que du côté de l'objet voulu : il faut que l'homme veuille correspondre comme l'exige l'ordre établi pour obtenir le salut : « Il n'y a cependant pas d'imperfection du côté de la volonté de Dieu, mais uniquement du côté de l'objet voulu qui n'est pas reçu avec toutes les circonstances et conditions exigées par le bon ordre en vue du salut ». Et, à la question 19 (article 6 ad I), le Docteur Angélique explique de nouveau et plus clairement ce qu'il entend par volonté antécédente et conséquente : « Le juge veut, d'une volonté antécédente, que tous les hommes vivent, mais il veut, d'une volonté conséquente, que l'homicide soit pendu. De même, Dieu veut, d'une volonté antécédente, que tous les hommes soient sauvés, mais il veut, d'une volonté conséquente, selon l'exigence de sa justice, que certains soient damnés ».

Je n'entends pas réfuter ici l'opinion qui soutient la prédestination à la gloire avant la prévision des mérites. Je dis seulement ceci. Dieu en aurait-il élu certains pour la vie éternelle et exclu d'autres, sans aucun égard pour leurs mérites ? Je n'arrive pas à comprendre comment les partisans de cette opinion peuvent ensuite soutenir que Dieu veut le salut de tous. Peut-être veulent-ils dire qu'il ne s'agit pas d'une volonté hypothétique et métaphorique ? Je ne comprends pas, dis-je, que l'on puisse affirmer que Dieu veut le salut de tous et la participation de tous à la Gloire, alors qu'il en aurait déjà exclu la majeure partie, antérieurement à tout démérite de leur part. Petau soutient l'opinion contraire : pourquoi Dieu aurait-il donné à tous les hommes le désir de la Béatitude éternelle si, avant tout démérite de leur part, il en avait déjà exclu la plupart ? À quoi bon Jésus Christ serait-il venu sauver tous les hommes par sa mort, si une foule de malheureux en étaient privés d'avance par Dieu ? À quoi bon leur donner les moyens si d'avance ils étaient empêchés d'atteindre le but ? Ce même Petau fait ici une réflexion très importante : s'il en était ainsi, ne pourrions-nous pas dire : après avoir aimé tout ce qu'il avait fait et après avoir créé ensuite les hommes, Dieu n'aurait-il donc pas aimé tous ceux-ci ? Il les aurait, au contraire, pour la plupart, souverainement haïs en les excluant de la Gloire pour laquelle pourtant il les avait créés ! Il est certain que le bonheur de la créature consiste à atteindre la fin pour laquelle elle a été créée. Il est certain, par ailleurs, que Dieu crée tous les hommes pour la vie éternelle. Or, si Dieu avait créé certains hommes pour la vie éternelle et les en avait ensuite exclus, indépendamment de leurs fautes, ne les aurait-il pas haïs sans raison au moment où il les créait ? Il leur aurait ainsi causé le plus grand tort possible, celui d'être exclus de leur propre fin c'est-à-dire de la Gloire pour laquelle ils ont été créés. « Il ne peut pas y avoir de milieu, en effet, je résume ce que dit Petau — entre l'amour et la haine de Dieu à l'égard de ses créatures, surtout à l'égard des hommes : ou il les aime pour la vie éternelle ou il les hait pour la damnation. Mais le plus grand malheur est d'être séparé de Dieu et réprouvé. Si donc Dieu veut la mort éternelle d'une âme, c'est qu'il ne l'aime pas, mais qu'il la hait de la haine la plus grande qui puisse exister en cet ordre qui surpasse l'ordre naturel ». En parlant de mort éternelle, l'Auteur n'entend pas la damnation positive à laquelle Dieu destine quelqu'un, mais l'exclusion de la Gloire. Mais, dit Tertullien, à quoi cela nous servirait-il effectivement que Dieu ne nous ait pas créés pour l'Enfer si en nous créant il nous avait rayés du nombre des Élus ? Être retranché du nombre des Élus implique nécessairement la perte du salut et la damnation : pas de milieu entre les deux ! Tertullien écrit : « Quel sera donc le sort des exclus, sinon la perte du salut ? » Petau conclut donc : « Si Dieu aime tous les hommes indépendamment de leurs mérites, il ne hait pas leurs âmes ; il ne veut donc pas pour eux le malheur suprême ». Si donc Dieu aime tous les hommes, comme il est certain, nous devons croire qu'il veut le salut de tous et qu'il n'a jamais haï quelqu'un au point de vouloir pour lui ce grand malheur : l'exclusion de la Gloire avant même toute prévision de ses mérites !

Je dis et continue de répéter que je n'arrive pas à le comprendre. La question de la prédestination est un mystère si profond qu'il fait dire à l'Apôtre Paul : « Ô abîme de la richesse, de la sagesse et de la science de Dieu ! Que ses décrets sont insondables et ses voies incompréhensibles ! Qui, en effet, a jamais connu la pensée de Dieu ? » (Rm 11, 33). Nous devons nous soumettre à la volonté de Dieu qui a voulu laisser l'Église dans l'obscurité à ce sujet, afin que nous nous humiliions tous sous les hautes décisions de sa divine providence. C'est d'autant plus vrai que la grâce qui seule permet aux hommes d'acquérir la vie éternelle, Dieu nous la donne sans aucun doute, avec plus ou moins d'abondance, tout à fait gratuitement et sans tenir compte de nos mérites. Pour faire notre salut, il sera donc toujours nécessaire de nous jeter dans les bras de sa divine Miséricorde pour que le Seigneur nous aide par sa grâce et de mettre toujours notre confiance dans ses infaillibles promesses d'exaucer et de sauver ceux qui le prient.

Mais revenons à notre problème, à savoir que Dieu veut sincèrement le salut de tous. Voyons les autres textes qui prouvent cette vérité. Le Seigneur nous dit par Ezéchiel : « Je suis vivant, oracle du Seigneur. Je ne prends point plaisir à la mort du méchant, mais bien plutôt à ce qu'il se détourne de sa voie et qu'il vive » (Ez 33, 11). Non seulement il ne veut pas la mort du pécheur, mais qu'il vive ! Comme le fait observer Tertullien, il en fait le serment pour que l'on croie plus facilement à sa parole : « Allant même jusqu'à faire serment : je suis le Dieu vivant ; il souhaite qu'on le croie ».

David dit également : « Le châtiment provient de son indignation et la vie de sa bienveillance » (Ps 30 (29), 6). S'il nous châtie, c'est que nos péchés provoquent sa colère ; mais ce qu'il veut, ce n'est pas notre mort mais notre vie : « Ce qu'il y a dans sa volonté, c'est la vie ». Saint Basile commente ainsi ce texte : « Que dit-il donc ? Sans aucun doute que Dieu veut nous faire participer tous à la vie ». David dit encore : « Notre Dieu est un Dieu de délivrance. Yahvé le Seigneur peut retirer de la mort » (Ps 68 (67), 21). Bellarmin fait ce commentaire : « La caractéristique et la nature de notre Dieu, c'est d'être un Dieu Sauveur ; les portes de sortie de la mort lui appartiennent ; c'est lui qui délivre de la mort ». Le propre et la nature de Dieu est de sauver tous les hommes et de les délivrer tous de la mort éternelle. Le Seigneur dit également : « Venez à moi, vous tous qui peinez et ployez sous le fardeau, et moi je vous soulagerai » (Mt 11, 28). S'il appelle tous les hommes au salut, c'est qu'il veut les sauver tous. Saint Pierre affirme : « Il use de patience envers tous, voulant que personne ne périsse, mais que tous arrivent au repentir » (2 P 3, 9). Il ne veut la damnation de personne mais que tous fassent pénitence et que par elle ils fassent leur salut. Le Seigneur dit encore : « Voici, je me tiens à la porte et je frappe… Si quelqu'un ouvre la porte, j'entrerai » (Ap 3, 20) : « Pourquoi mourir, maison d'Israël ? Convertissez-vous et vivez ! » (Ez 18, 31) « Que pouvais-je encore faire pour ma vigne que je n'aie fait ? » (Is 5, 4). « Que de fois ai-je voulu rassembler tes enfants à la manière dont une poule rassemble ses poussins sous ses ailes… et tu n'as pas voulu ! » (Mt 23, 37) Comment le Seigneur pourrait-il dire qu'il frappe à la porte de nos cœurs de pécheurs ? Comment pourrait-il tant nous exhorter à retourner dans ses bras ? Comment pourrait-il nous demander, avec des accents de reproche, ce qu'il aurait pu faire de plus pour nous sauver ? Comment pourrait-il dire qu'il a voulu nous accueillir comme des fils, s'il n'avait pas une vraie volonté de nous sauver tous ? Jésus, voyant de loin Jérusalem, nous rapporte saint Luc, et pensant à la perte de ce peuple à cause de ses péchés, « pleura sur elle » (Lc 19, 41). Pourquoi, demande Théophylacte, avec saint Jean Chrysostome, pourquoi le Seigneur pleura-t-il en voyant la ruine qui menaçait les Hébreux, sinon parce qu'il désirait vraiment leur salut ?. Après tant de témoignages que donne le Seigneur pour manifester sa volonté de voir tous les hommes parvenir au salut, comment peut-on dire que Dieu ne veut pas le salut de tous ? Petau reprend : « Peut-on mettre en doute ces textes de l'Écriture où Dieu affirme sa volonté par des expressions célèbres et répétées, par des larmes et même par un serment ? Comment les interpréter en sens contraire, comme si Dieu, à part quelques-uns, n'avait pas eu le désir de sauver les hommes et avait décidé de perdre tout le genre humain ? Ne serait-ce pas une injure et une dérision vis-à-vis de vérités de foi si clairement définies ? Dire que Dieu ne veut pas vraiment le salut de tous, dit ce grand Théologien, c'est une injure et une moquerie à l'égard des décrets les plus clairs de la foi ». Et le Cardinal Sfondrati ajoute : « Je ne sais vraiment pas si ceux qui pensent autrement ne font pas du vrai Dieu un personnage de théâtre : certains acteurs ne font-ils pas semblant d'être rois, alors qu'ils n'ont rien d'un vrai roi ? ».

Cette vérité que Dieu veut le salut de tous les hommes est confirmée communément par les Saints Pères. Tous les Pères grecs ont été unanimes à affirmer que Dieu veut le salut de tous et de chacun : Saint Justin, saint Basile, saint Grégoire, saint Cyrille, saint Méthode, saint Jean Chrysostome, tous cités par Petau. Mais voyons ce que disent les Pères latins : Saint Jérôme : « Dieu veut sauver tous les hommes, mais personne n'est sauvé sans le vouloir personnellement. Il désire que nous voulions le bien, et lorsque nous l'aurons voulu, il réalisera en nous son dessein ». Et ailleurs : « Dieu a donc voulu sauver tous ceux qui le désireraient. Il les a appelés au salut afin que leur volonté fût récompensée, mais ils ne voulurent pas croire ». Saint Hilaire : « Dieu voudrait que tous les hommes soient sauvés, non seulement ceux qui feront effectivement partie du nombre des Saints, mais absolument tous sans exception ». Saint Paulin : « Le Christ dit à tous : « Venez à moi... etc. En effet, lui qui les a créés tous veut, pour autant qu'il dépend de lui, le salut de tous ». Aucun impie n'est exclu, dit saint Ambroise, pas même le traître Judas ! « Il a voulu montrer ce qu'il désire même pour les impies ; il n'a exclu personne, pas même celui qui le trahirait ; tous peuvent ainsi se rendre compte que, même lorsqu'il a choisi Judas, il avait bien l'intention de les sauver tous... il a fait voir à tous quel était le projet de Dieu, celui de les délivrer tous ». L'auteur des « Commentaires de Saint Ambroise » — peut-être le diacre Hilaire, selon Petau — se pose une question à propos du texte de saint Paul « celui qui veut le salut de tous » : puisque Dieu veut le salut de tous et qu'il est tout-puissant, pourquoi y en a-t-il tant à ne pas être sauvés ? Et il répond : « Il veut le salut de tous, à condition qu'ils le veuillent eux-mêmes. En effet, celui qui a fait la loi n'a exclu personne du salut... mais le remède est sans effet chez ceux qui n'en veulent pas ! » Le Seigneur, continue-t-il, n'a donc exclu personne de la Gloire : il donne à tous la grâce du salut, à condition qu'ils veuillent bien y correspondre, et sa grâce ne profite pas à ceux qui la refusent. Saint Jean Chrysostome demande pareillement : « Pourquoi donc ne sont-ils pas tous sauvés, si Dieu veut vraiment le salut de tous ? » Et il répond : « Parce que la volonté de tous n'est pas en harmonie avec la sienne ; or, il ne force personne ». Saint Augustin : « Dieu veut le salut de tous, mais pas au point de leur enlever le libre arbitre ». Saint Augustin exprime la même idée en plusieurs autres textes que nous allons citer bientôt. Que Jésus Christ soit mort pour tous et pour chacun est également très clair dans les Saintes Écritures et dans les textes des Pères. Grande fut certainement la misère causée à tout le genre humain par le péché d'Adam, mais Jésus Christ en a réparé par la Rédemption tous les dommages et préjudices. C'est pourquoi le Concile de Trente a déclaré que le baptême rend les âmes pures et immaculées. L'attirance du mal ou concupiscence qui reste en elles ne subsiste pas pour leur perte, mais pour leur faire acquérir une couronne d'autant plus belle qu'ils y résisteront : « Dans les baptisés il n'est rien que Dieu haïsse… ils sont devenus innocents, immaculés, purs et aimés de Dieu. Ce Saint Synode reconnaît cependant et croit que la concupiscence ou attirance du mal subsiste en eux. Puisqu'elle n'est là qu'en vue de la lutte à mener, elle ne peut nuire à ceux qui n'y cèdent pas. Bien plus, celui qui aura combattu dans les règles sera couronné ! ». Et saint Léon ajoute : « Nous avons reçu davantage par la grâce ineffable du Christ que nous n'avions perdu par la haine du diable ». Le gain que nous avons fait par la Rédemption du Christ a été bien plus grand que le dommage subi par le péché d'Adam. L'Apôtre Paul l'affirme : « Mais il n'en va pas du don comme de la faute... Où le péché s'est multiplié, la grâce a surabondé » (Rm 5, 15 et 20). Notre Sauveur l'a déclaré lui-même : « Je suis venu pour qu'ils aient la vie et qu'ils l'aient en abondance » (Jn 10, 10). David et Isaïe l'avaient déjà annoncé. David : « Près de Yahvé est la grâce ; près de lui, l'abondance du rachat » (Ps 130 (129), 7). Et Isaïe : « Elle a reçu de la main de Yahvé le double pour tous ses péchés » (Is 40, 2). Cornélius à Lapide commente ainsi ce texte : « Dieu a enlevé par le Christ les iniquités de l'Église. Au lieu des peines qu'elle méritait pour ses péchés, elle a reçu doubles biens ».

Les Saintes Écritures nous affirment, comme je l'ai dit, que notre Sauveur est mort pour tous et qu'il a offert au Père éternel le prix de la Rédemption : « Car le Fils de l'homme est venu sauver ce qui était perdu » (Mt 18, 11). « Il s'est livré en rançon pour tous » (1 Tm 2, 6). « Il est mort pour tous afin que les vivants ne vivent plus pour eux-mêmes, mais pour celui qui est mort et ressuscité pour eux » (2 Co 5, 15). « Si, en effet, nous peinons et combattons, c'est que nous avons mis notre espérance dans le Dieu vivant, le Sauveur de tous les hommes, principalement des croyants » (1 Tm 4, 10). « C'est lui qui est victime de propitiation pour nos péchés, pas seulement pour les nôtres, mais pour ceux du monde entier » (1 Jn 2, 2). « Car l'amour du Christ nous presse, à la pensée que si un seul est mort pour tous, alors tous sont morts » (2 Co 5, 14). Je ne parle que de ce dernier texte. Comment, du fait que Jésus Christ est mort pour tous, l'Apôtre pourrait-il déduire que tous sont morts, s'il ne tenait pas pour certain que Jésus Christ est vraiment mort pour tous ? D'autant plus que saint Paul en conclut également que cette vérité doit allumer l'amour en nos cœurs. Mais ce qui explique surtout le désir et la volonté de Dieu de sauver tous les hommes, c'est ce qu'ajoute l'Apôtre Paul : « Lui qui n'a pas épargné son propre Fils, mais l'a livré pour nous tous » (Rm 8, 32). Ce qui suit a encore plus de force : « Comment avec lui ne nous accordera-t-il pas toute faveur ? » Si Dieu nous a tout donné, comment pouvons-nous craindre qu'il nous ait refusé l'élection à la Gloire, alors que nous correspondons à sa grâce ? S'il nous a donné le Fils, dit le savant Cardinal Sfondrati, comment nous refusera-t-il la grâce du salut ? « Comme saint Paul nous le montre savamment, Dieu nous assure qu'il ne nous refusera pas le moins après nous avoir donné le plus : celui qui a donné son Fils pour notre salut ne nous refusera pas la grâce du salut ». Oui, comment saint Paul pouvait-il dire qu'en nous donnant son Fils Dieu nous a tout donné, s'il avait cru que le Seigneur en a exclu un grand nombre de la Gloire qui est l'unique bien et l'unique fin pour lesquels il nous a créés ? Le Seigneur aurait donc tout donné à ce grand nombre et ensuite il lui aurait refusé le meilleur, la Béatitude éternelle ? Sans celle-ci, puisqu'il n'y a pas de milieu, ils ne pourraient être qu'éternellement malheureux. Oserions-nous dire quelque chose de plus absurde encore, comme le fait remarquer un autre savant auteur : « Dieu donnerait à tous la grâce de parvenir à la

Gloire, mais il refuserait ensuite à beaucoup la possibilité d'aller en jouir : il donnerait le moyen, mais refuserait la fin ».

Tous les Saints Pères sont d'accord pour dire que Jésus Christ est mort pour obtenir à tous le salut éternel. Saint Jérôme : « Le Christ est mort pour tous : lui seul fut trouvé digne d'être offert en sacrifice pour tous ceux qui étaient morts dans le péché ». Saint Ambroise : « Le Christ est venu pour guérir nos blessures mais tous ne demandent pas le remède ; il guérit les volontaires et ne force pas les récalcitrants ». Il dit ailleurs : « Il a offert à tous la possibilité de guérir. Ceux qui périssent ne doivent attribuer qu'à eux-mêmes la cause de leur mort : ils n'ont pas voulu se soigner, alors qu'ils avaient le remède ! La miséricorde du Christ s'étend manifestement à tous : il veut le salut de tous les hommes ! » Il s'exprime encore plus clairement dans un autre texte : « Jésus n'a pas rédigé son testament pour un seul ni pour un petit nombre mais pour tous. Nous avons tous été constitués ses héritiers. Son testament est pour tous. Tous y ont droit. C'est l'héritage de tous et la propriété de chacun ». Notons ces mots : « Nous avons tous été constitués ses héritiers » : Le Rédempteur a fait de nous tous par testament les héritiers de son ciel. Saint Léon : « Notre Seigneur n'ayant trouvé aucun homme qui fût libre de la condamnation, est venu les délivrer tous ». Saint Augustin commente les paroles de saint Jean : « Dieu n'a pas envoyé son Fils dans le monde pour juger le monde mais pour que le monde soit sauvé par lui » (Jn 3, 17). « Comme c'est le rôle d'un médecin, il est venu guérir les malades ». Notons « comme c'est le rôle d'un médecin » : Jésus veut donc concrètement, efficacement, le salut de tous mais il ne peut guérir ceux qui ne le veulent pas : « Il guérit entièrement, oui, mais pas celui qui s'y refuse. Qu'y a-t-il de plus avantageux pour toi que d'obtenir la vie et la guérison, si tu le veux ? » Quand le saint dit : « il guérit », il parle des pécheurs qui sont malades et incapables de faire leur salut par leurs propres forces. Que signifie « il guérit entièrement » ? Que rien ne manque de la part de Dieu pour la guérison et le salut des pécheurs. Que signifie « obtenir la vie et la guérison, si tu le veux » ? Que Dieu veut vraiment et sincèrement nous sauver tous, pour autant qu'il dépend de lui. Autrement, nous ne serions pas à même d'obtenir la guérison et la vie éternelle. Il dit ailleurs : « Lui qui nous a rachetés à un tel prix ne veut pas nous perdre. Il ne rachète pas les hommes pour les perdre mais pour leur donner la vie ». Il nous a rachetés tous pour nous sauver tous. Il nous encourage donc tous à espérer la Béatitude éternelle par cette phrase célèbre : « Que la faiblesse humaine se redresse ! Qu'elle ne dise pas : je ne serai pas heureux… Le Seigneur a fait plus encore qu'il n'a promis. Qu'a-t-il fait ? Il est mort pour toi. Qu'a-t-il promis ? Que tu vivras avec lui ». Certains ont osé dire que Jésus Christ a versé son sang pour tous pour leur obtenir la grâce mais pas le salut. Mais le théologien de Périgueux les prend à parti et ne peut pas admettre une telle opinion : « Quel raisonnement ridicule ! Comment la Sagesse de Dieu a-t-elle pu vouloir le moyen du salut et pas la fin qui est le salut lui-même ? ». Saint Augustin interpelle les Juifs :

« Regardez le côté que vous avez transpercé : il a été ouvert par vous et pour vous ». Si Jésus n'avait pas vraiment donné son sang pour tous, les Juifs auraient pu répliquer à saint Augustin : Oui, nous avons ouvert le côté du Christ, mais ce n'est pas pour nous qu'il a été ouvert !

Saint Thomas est bien certain, lui aussi, que Jésus est mort pour tous. Il veut donc le salut de tous : « Jésus Christ est médiateur entre Dieu et les hommes, non pas entre Dieu et quelques-uns mais entre Dieu et tous les hommes. Il n'en serait pas ainsi s'il ne voulait pas les sauver tous ». Tout ceci est confirmé par la condamnation de la 5e proposition de Jansénius. Celle-ci disait : « Il est semi-pélagien de dire que le Christ est mort et a versé son sang pour tous les hommes ». D'après le contexte des autres propositions condamnées et d'après les principes de Jansénius, le sens de cette proposition est celui-ci : Jésus Christ n'est pas mort pour mériter à tous les grâces suffisantes au salut mais seulement aux prédestinés. Jansénius l'a clairement exprimé : « il n'est nullement conforme aux principes de saint Augustin de prétendre que le Christ est mort et a versé son sang pour le salut éternel des infidèles qui mourront dans l'infidélité ou des justes qui ne persévéreront pas ». Quelle est la doctrine catholique ? Tout le contraire : il n'est pas semi-pélagien mais parfaitement exact de dire que Jésus Christ est mort pour mériter les grâces nécessaires au salut éternel, selon l'ordre actuel de la Providence, non seulement aux prédestinés mais à tous et même aux réprouvés.

Que Dieu veuille vraiment le salut de tous et que

Jésus Christ soit mort pour le salut de tous, nous le déduisons également du commandement de l'espérance que le Seigneur impose à tous. La raison en est claire. Saint Paul appelle l'espérance chrétienne l'ancre sûre et solide de l'âme : « Nous sommes fortement encouragés à bien saisir l'espérance qui nous est offerte. En elle nous avons comme une ancre de notre âme, sûre autant que solide » (He 6, 18). Où trouverions-nous cette ancre sûre et solide de notre espérance, sinon dans la certitude que Dieu veut le salut de tous ? Le théologien de Périgueux demande : « Quelle pourra être notre espérance en la divine miséricorde s'il n'est pas certain que Dieu veuille le salut de tous ? Avec quelle confiance pourront-ils offrir à Dieu la mort du Christ pour obtenir le pardon, s'il n'est pas certain qu'elle ait été offerte pour eux ? ». Et le Cardinal Sfondrati conclut : si jamais Dieu en avait élu certains pour la vie éternelle et avait exclu les autres, nous aurions plus de raisons de désespérer que d'espérer, car il y a moins d'élus que de réprouvés : « Personne, dit l'Auteur ci-dessus, ne pourrait espérer fermement, car on aurait plus de raisons de désespérer que d'espérer ; en effet, les réprouvés sont beaucoup plus nombreux que les élus ». Et si Jésus Christ n'était pas mort pour le salut de tous, comment pourrions-nous avoir un motif solide d'espérer le salut par les mérites de Jésus Christ, sans une révélation particulière ? Mais saint Augustin n'a aucun doute à ce sujet : « C'est dans le précieux sang du Christ, répandu pour nous et pour notre salut, que réside toute mon espérance et la certitude de ma foi ! ». Le saint mettait donc toute son espérance dans le sang de Jésus Christ, parce que sa foi lui certifiait que Jésus Christ est mort pour tous. Mais nous examinerons mieux ce problème de l'espérance dans le chapitre quatrième, quand nous parlerons du point principal c'est-à-dire de la grâce de la prière donnée à tous.

Mais il reste à répondre à une objection. Qu'en est-il des enfants qui meurent avant le baptême et avant l'âge de raison ? Si Dieu veut le salut de tous, comment ces enfants peuvent-ils périr sans que ce soit de leur faute, puisqu'ils sont privés de tout secours de Dieu pour faire leur salut ? Il y a deux réponses dont l'une est meilleure que l'autre. Je les résume brièvement. D'abord, dit-on, Dieu veut, d'une volonté antécédente, le salut de tous, et il a donné à tous les moyens généraux nécessaires au salut ; quelquefois ces moyens n'obtiennent pas leur effet, soit à cause de la volonté personnelle de ceux qui ne veulent pas s'en servir ou bien parce que certains ne peuvent pas en profiter en raison des causes secondes : c'est le cas de la mort naturelle des enfants. Dieu n'est pas tenu d'empêcher le cours des événements, après avoir tout disposé selon les justes desseins de sa Providence générale. C'est saint Thomas qui donne cette explication. Jésus Christ a offert ses mérites pour tous et il a institué le baptême pour tous. Par suite de la mort de certains enfants avant l'âge de raison ce remède n'est pas appliqué, non par suite d'une volonté directe de Dieu mais d'une volonté purement permissive. Dieu, ordonnateur suprême de toutes choses, ne doit point troubler l'ordre général pour régler des cas particuliers.

Seconde réponse : il y a une différence entre ne pas être heureux et se perdre. En effet, la Béatitude éternelle est un don absolument gratuit dont la privation ne comporte pas le caractère d'une peine. Saint Thomas dit très justement que les enfants morts tout jeunes ne subissent ni la peine du sens ni la peine du dam. Ils ne subissent pas la peine du sens « parce que celle-ci correspond à une déviation vers la créature. Or, dans le péché originel, qui n'est pas une faute personnelle, il n'y a pas de déviation vers la créature ; la peine du sens n'est donc pas due au péché originel » parce que celui-ci ne comporte pas d'acte personnel coupable. Les adversaires opposent à cette opinion celle de saint Augustin : il pense, et dit quelque part, que les enfants sont condamnés également à la peine du sens ; mais ailleurs le saint se déclare très indécis sur ce point : « Quant à la peine des enfants, je suis bien perplexe, crois-moi, et je ne trouve absolument rien à répondre ». Il écrit ailleurs : on peut bien dire que ces enfants ne reçoivent ni récompense, ni peine. « Car il n'y a pas à craindre qu'il ne puisse y avoir une voie moyenne entre le vice et la vertu, ni de la part du juge, qu'il ne puisse y avoir une décision moyenne entre le châtiment et la récompense ». Saint Grégoire de Nazianze l'affirme : « Les petits enfants ne recevront du juste juge ni la gloire du ciel ni les supplices ». Saint Grégoire de Nysse : « La mort prématurée des enfants montre que ceux qui ont ainsi cessé de vivre ne seront ni dans la douleur, ni dans la tristesse ».

Quant à la peine du dam : Bien que les enfants soient exclus de la Gloire, le Docteur Angélique, qui a le mieux réfléchi sur cette question, enseigne que personne ne souffre de la privation d'un bien dont il n'est pas capable. Aucun homme ne s'afflige de ne pas pouvoir voler ou de n'être pas empereur alors qu'il n'est qu'une personne privée ; ainsi les enfants ne souffrent pas d'être privés de la gloire à laquelle ils ne pouvaient prétendre ni par leur nature ni par leurs mérites personnels. Saint Thomas ajoute ailleurs une autre raison : la connaissance surnaturelle de la Gloire ne se fait que par la foi actuelle qui surpasse toute connaissance naturelle. Les enfants ne peuvent donc pas souffrir de la privation de la Gloire, car ils n'en ont eu aucune connaissance surnaturelle. Ces enfants, dit-il encore, non seulement ne souffriront pas d'être privés de la Béatitude éternelle mais ils jouiront de leurs biens naturels ; ils jouiront même en quelque sorte de Dieu, autant que le permettent la connaissance et l'amour naturels : « Au contraire, ils jouiront davantage parce qu'ils auront une grande part à la Bonté de Dieu et aux perfections naturelles ». Et il ajoute : Bien que ces enfants soient séparés de Dieu quant à l'union de la Gloire, « ils lui seront unis par la participation des biens naturels et ils pourront même jouir de Dieu par la connaissance et l'amour naturels »

CHAPITRE II. À TOUS, DIEU DONNE LES GRÂCES NÉCESSAIRES À TOUS LES JUSTES, POUR OBSERVER LES COMMANDEMENTS ; ET À TOUS LES PÉCHEURS, POUR SE CONVERTIR.

Si Dieu veut vraiment le salut de tous les hommes, il leur donne à tous la grâce et les secours nécessaires pour cela. Autrement, il ne pourrait pas dire qu'il veut vraiment les sauver tous. « Dieu veut d'une volonté antécédente le salut de tous, dit saint Thomas ; l'ordre naturel a été établi en fonction du salut, et tous les biens naturels ou gratuits qui conduisent à cette fin ont été mis communément à la disposition de tous. » Malgré les affirmations blasphématoires de Luther et de Calvin, il est certain que Dieu n'impose pas une loi impossible à observer. Il est certain également que, sans le secours de la grâce, il est impossible d'observer la loi. Innocent Ier l'a déclaré contre les Pélagiens : « Avec l'aide de Dieu nous sommes vainqueurs ; sans son aide nous serons inévitablement vaincus. » Le Pape Célestin l'affirme également. Puisque le Seigneur donne à tous une loi qu'il soit possible d'observer, il accorde à tous la grâce nécessaire, soit immédiatement soit médiatement par le moyen de la prière, comme l'a défini très clairement le Saint Concile de Trente : Dieu n'ordonne pas des choses impossibles mais lorsqu'il ordonne, il t'engage à faire ce que tu peux et à demander ce que tu ne peux pas, et il t'aide à pouvoir. Si Dieu nous refusait la grâce prochaine ou éloignée pour observer la loi, ou bien la loi aurait été donnée inutilement ou bien le péché serait inévitable. Si le péché était inévitable, ce ne serait plus un péché, comme nous allons le démontrer. C'est le sentiment commun des Pères, comme nous allons le voir. Saint Cyrille d'Alexandrie : « Si quelqu'un qui a reçu autant que d'autres les secours de la grâce divine, a péché volontairement, comment peut-il accuser le Christ de ne pas l'avoir préservé, alors que celui-ci a libéré l'homme en lui apportant tous les secours nécessaires ? Comment, dit le saint, ce pécheur, qui a reçu autant que les autres restés fidèles les secours de la grâce et qui a péché volontairement, peut-il se plaindre de Jésus Christ ? Celui-ci ne l'a-t-il pas libéré autant qu'il le pouvait par les secours qu'il lui a apportés ? » Saint Jean Chrysostome demande : « D'où vient-il que les uns sont des vases de colère (des réprouvés) et d'autres des vases de miséricorde (des élus) ? De leur libre volonté, répond-il. En effet, Dieu est infiniment bon et il montre envers tous une égale bienveillance. » Il ajoute à propos du Pharaon qui avait, nous dit la Bible, le cœur endurci : « Si le Pharaon n'a pas été sauvé, c'est qu'il l'a bien voulu, car il n'a rien reçu de moins que ceux qui ont été sauvés. ». Il commente ailleurs la demande de la mère des fils de

Zébédée et la réponse de Jésus : « Il ne dépend pas de moi de vous donner, etc. ». « Le Christ a voulu indiquer que le don ne concerne pas que lui mais que les combattants ont aussi à le saisir. Si cela ne dépendait que de lui, tous les hommes seraient sauvés. » Saint Isidore de Péluse : « Dieu veut vraiment et de toutes manières aider ceux qui se vautrent dans le péché, pour leur enlever toute excuse ». Saint Cyrille de Jérusalem : « Le Seigneur a ouvert la porte de la vie éternelle à tous les hommes. Tous peuvent y entrer, sans que personne ne puisse les en empêcher. » Mais cette doctrine des Pères grecs ne plaît pas à Jansénius qui a l'audace de dire : « Personne n'a parlé plus imparfaitement de la grâce que les Pères grecs ». N'aurions-nous donc pas le droit, sur le problème de la grâce, de suivre l'enseignement des Pères grecs qui ont été les premiers Maîtres et les colonnes de l'Église ? Est-ce que la doctrine des Grecs, spécialement sur ce point si important, était différente de celle de l'Église Latine ? Il est certain, au contraire, que la vraie foi est passée de l'Église Grecque à l'Église Latine. Comme l'a écrit saint Augustin contre Julien qui lui opposait l'autorité des Pères grecs, on ne peut mettre en doute que les latins aient la même foi que les grecs. Et qui donc devrions-nous suivre ? Peut-être les erreurs de ce Jansénius, déjà condamnées comme hérétiques par l'Église ? N'a-t-il pas eu l'audace de dire que même les Justes n'ont pas la grâce nécessaire pour observer certains commandements ? N'a-t-il pas prétendu que l'homme mérite et démérite, même s'il agit par nécessité, du moment qu'il n'est pas contraint par la violence ? Ces erreurs et d'autres découlent de son faux système de la délectation relativement victorieuse, que nous réfuterons dans le chapitre troisième.

Puisque les Pères grecs ne satisfont pas Jansénius, voyons ce qu'en disent les Pères latins. Or, ceux-ci ne diffèrent en rien des grecs. Saint Jérôme : « L'homme ne peut faire aucune bonne œuvre sans celui qui lui a donné le libre arbitre et qui ne lui refuse pas sa grâce pour chacune de ses bonnes œuvres ». Notons bien ces mots : « qui ne lui refuse pas sa grâce pour chacune de ses bonnes œuvres ». Saint Ambroise : « Il vient vers nous et il frappe à la porte ; il a toujours l'intention d'entrer ; mais s'il n'entre pas toujours, cela dépend de nous ». Saint Léon : « Celui, en effet, qui nous prévient de son secours, nous presse à juste titre de ses commandements ». Saint Hilaire : « Par un don qui est fait à tous, abondante a été la grâce de la justification ». Innocent Ier : « Il nous donne chaque jour des remèdes : si nous ne les utilisons pas en toute confiance, nous ne pourrons jamais triompher des erreurs humaines ». Saint Augustin : « Ce n'est pas d'ignorer malgré toi que l'on te fait grief, mais de négliger de chercher ce que tu ignores ; ce n'est pas non plus de ne point panser tes membres blessés, mais de mépriser celui qui vient les guérir ; tes propres péchés à toi, les voilà. Car il n'y a pas d'homme si dépourvu qui ne sache l'utilité de chercher ». Et ailleurs : « Donc son ignorance de ce qu'elle (l'âme) doit faire provient de la perfection qu'elle n'a pas encore obtenue ; mais elle l'obtiendra aussi si elle use bien de ce qui déjà lui a été donné. Or il lui a été donné de chercher avec zèle et piété si elle veut ». Notons bien « Or il lui a été donné de chercher avec zèle et piété si elle veut ». Chacun a donc, au moins, la grâce éloignée de demander. S'il en use bien, il recevra la grâce prochaine de pouvoir faire ce qui lui était tout d'abord impossible. Le saint Docteur s'appuie sur le principe suivant : personne ne pèche dans ce qu'il ne peut éviter ; donc si l'on pèche sur un point, c'est dans la mesure même où on peut l'éviter avec la grâce du Seigneur qui est donnée à tous. « Qui pèche, en effet, sur un point sur lequel il ne peut aucunement se garder ? Mais nous péchons : c'est donc qu'il est possible de se garder... Le péché peut être évité, mais avec l'aide de celui qui ne peut tromper ». La raison en est évidente : il est clair — et nous le verrons encore mieux lorsque nous parlerons des pécheurs obstinés — qu'il n'y aurait pas de péché si faisait défaut la grâce nécessaire pour observer les commandements.

Saint Thomas enseigne la même doctrine en plusieurs endroits. Il commente ainsi le texte de saint Paul « Qui veut que tous les hommes soient sauvés » : « La grâce ne fait donc défaut à personne mais elle est donnée à tous, pour autant qu'il dépend de Dieu, tout comme le soleil envoie sa lumière même aux aveugles ». Le soleil envoie sa lumière à tous, et seuls en sont privés ceux qui volontairement y ferment les yeux. Ainsi Dieu communique à tous la grâce nécessaire pour observer la loi, et les hommes ne se perdent que s'ils ne veulent pas en profiter. Il dit ailleurs : « C'est le rôle de la Divine Providence de pourvoir chacun des moyens nécessaires au salut, à condition que l'homme, de son côté, n'y mette pas d'obstacle ». Dieu donne donc à tous les grâce nécessaires au salut. Puisque la grâce actuelle est nécessaire pour vaincre les tentations, pour pratiquer les commandements, il faut obligatoirement conclure : Dieu donne à tous la grâce actuelle ou effective pour faire le bien, soit immédiatement soit médiatement ; on n'a pas besoin d'une grâce supplémentaire pour mettre en œuvre ce moyen de la prière, en vue d'obtenir la grâce actuelle prochaine. Et saint Thomas commente ainsi ces paroles de Jésus en saint Jean « Personne ne vient à moi si mon Père ne l'attire » : « Si le cœur de l'homme ne s'élève pas vers Dieu, ce n'est pas par la faute de « celui qui attire » — celui-ci fait tout ce qu'il faut — mais c'est à cause de l'opposition par « celui qui est attiré ». Scot dit exactement la même chose « Dieu veut de par sa volonté antécédente, sauver tous les hommes, pour autant qu'il dépend de lui, et il leur a donné les biens généraux suffisants pour le salut ». Le Concile de Cologne (1636) affirme : « Bien que personne ne se convertisse s'il n'est attiré par le Père, personne ne peut prétendre qu'il n'est pas attiré : le Seigneur se tient sans cesse à la porte de son cœur et il frappe en lui parlant directement au cœur et de l'extérieur ».

Les Saints Pères n'ont pas parlé au hasard mais ils se sont appuyés sur les Saintes Écritures. Le Seigneur nous assure très clairement, en de nombreux passages, qu'il nous assiste de sa grâce. À nous d'en profiter pour persévérer dans la justice ou pour nous convertir si nous sommes pécheurs : « Je me tiens à la porte et je frappe....Si quelqu'un m'ouvre la porte, j'entrerai chez lui » (Ap 3, 20). Bellarmin commente ainsi ce texte : Le Seigneur sait bien que l'homme ne peut pas ouvrir sans sa grâce. Il frapperait donc en vain à la porte de son cœur s'il ne lui donnait pas auparavant la grâce d'ouvrir quand il le veut. Et saint Thomas enseigne de même à propos de ce texte : Dieu donne à chacun la grâce nécessaire au salut : à chacun d'y correspondre s'il le veut. « Dieu, dans sa volonté très généreuse, donne sa grâce à tous ceux qui s'y préparent : je me tiens à la porte et je frappe. La grâce de Dieu ne fait défaut à personne mais elle est communiquée à tous, pour autant qu'il dépend de lui ». Il ajoute : « C'est le rôle de la Divine Providence de pourvoir chacun des moyens nécessaires au salut ». Ainsi, écrit saint Ambroise, le Seigneur frappe à la porte parce qu'il veut vraiment entrer. Mais il arrive qu'il n'entre pas ou bien qu'il ne demeure pas dans nos âmes parce que nous lui interdisons l'entrée, ou bien parce que nous le chassons, une fois qu'il y est entré : « Il vient, en effet, et il frappe à la porte : il veut toujours entrer mais s'il n'entre pas toujours ou s'il ne reste pas, c'est de notre faute ! »

« Que pouvais je encore faire pour ma vigne que je n'aie fait ? Pourquoi espérais je avoir de beaux raisins et a-t-elle donné des raisins sauvages ? » (Is 5, 4). Bellarmin dit à propos de ce texte : si le Seigneur n'avait pas donné à la vigne la possibilité de produire des raisins pourquoi dirait-il « Pourquoi espérais-je ? » Et si Dieu n'avait pas donné à tous la grâce nécessaire pour faire leur salut, aurait-il pu dire aux Hébreux : « Que pouvais je encore faire ? ». Nous n'avons pas donné de fruit, auraient-ils pu répondre, parce que le secours nécessaire nous a manqué ! Bellarmin dit également à propos des paroles de Jésus « Combien de fois ai-je voulu rassembler tes enfants… et tu n'as pas voulu » (Mt 23,38). « Comment a-t-il voulu être recherché par ceux qui le rejetaient, demande le Cardinal, s'il ne les a pas aidés à vouloir ? »

« Ô Dieu, nous rappelons la mémoire de ta miséricorde, au milieu de ton temple » (Ps 48 (47), 10). Saint Bernard fait cette remarque : « De fait, c'est au milieu du temple que se trouve la miséricorde, et non dans un angle ou dans une annexe : Dieu ne fait pas de favoritisme (Ac 10, 34). Elle est disposée comme un bien commun, elle est offerte à tous, et nul ne s'en trouve exclu à moins de s'en priver soi-même ».

« Ou bien méprises-tu ses richesses de bonté ? Sans reconnaître que cette bonté de Dieu te pousse au repentir ? » (Rm 2,4). Voici un pécheur qui par malice ne se convertit pas, qui méprise les richesses de la Divine Bonté qui l'appelle et qui le pousse sans cesse à se convertir. Dieu déteste le péché, mais en même temps il continue d'aimer le pécheur tant qu'il vit ici-bas et il lui donne les secours nécessaires à son salut. « Vous pardonnez à tous, parce que tout est à vous, Seigneur qui aimez les âmes » (Sg 11,26) Non, dit Bellarmin, Dieu ne refuse pas au pécheur la grâce pour résister aux tentations, quelque obstiné qu'il soit : « Tous ont toujours le secours nécessaire pour éviter de nouveaux péchés, soit immédiatement, soit médiatement (par le moyen de la prière). De la sorte, les pécheurs peuvent obtenir de Dieu de plus grands secours, grâce auxquels ils éviteront le péché ». Ajoutons ce que dit le Seigneur par le Prophète Ezéchiel : « Je suis vivant, oracle du Seigneur Yahvé ; je ne veux point la mort du méchant mais qu'il se détourne de sa voie et qu'il vive ! » (Ez 33,11). Saint Pierre dit de même : « Le Seigneur use de patience envers vous ne voulant pas qu'aucun périsse mais que tous viennent à la pénitence » (2 P 3, 9). Si donc Dieu veut que tous se convertissent réellement, on doit nécessairement supposer qu'il donne à tous la grâce dont ils ont besoin pour le faire concrètement.

Je sais bien qu'il y a des théologiens qui soutiennent que Dieu va jusqu'à refuser même la grâce suffisante à certains pécheurs obstinés. Ils s'appuient, entre autres, sur une doctrine de saint Thomas : « Bien que ceux qui sont dans le péché ne puissent pas, par leurs propres forces et à moins d'être prévenus par le secours de la grâce, éviter de mettre obstacle à la grâce, ainsi qu'on l'a montré, cela leur est néanmoins imputé à péché, parce que cette faiblesse est une conséquence de leurs fautes précédentes : par exemple, un ivrogne n'est pas excusé du meurtre qu'il a commis en état d'ivresse volontaire. De plus, bien que celui qui vit dans le péché ne puisse pas par ses propres forces éviter tous les péchés, il peut cependant en éviter l'un ou l'autre, comme on l'a dit. Ce qu'il commet, il le fait volontairement, et il n'est pas injuste que ce péché lui soit imputé ». D'après ces théologiens, saint Thomas veut dire ceci : certains pécheurs peuvent bien éviter les péchés pris un par un, mais non tous les péchés pris globalement, parce que, en punition des péchés qu'ils ont commis précédemment, ils sont privés de toute grâce actuelle.

Mais, dans ce passage, saint Thomas ne parle pas

de la grâce actuelle, mais de la grâce habituelle ou sanctifiante. Privé de celle-ci le pécheur ne peut pas rester longtemps sans tomber dans de nouveaux péchés, comme il l'enseigne en plusieurs passages. Il est clair, d'après le contexte, que saint Thomas veut dire ici la même chose. Nous citons tout le passage pour bien faire comprendre la pensée du saint. Voici d'abord le titre du chapitre : « L'homme en état de péché ne peut pas éviter le péché sans la grâce ». Le titre même indique que le saint Docteur, n'entend pas dire ici autre chose que dans les autres passages : « Comme l'esprit de l'homme s'est détourné de l'état de rectitude, il est clair qu'il s'est éloigné de l'ordre de la fin à poursuivre... Chaque fois donc que se présentera quelque chose se situant dans la ligne d'une fin erronée et contraire à la vraie fin, on le choisira à moins que l'on ne soit ramené à l'ordre véritable et que l'on ne donne la préférence à la véritable fin, ce qui est un effet de la grâce. Mais, quand on choisit par contre quelque chose de contraire à la fin ultime, on met un obstacle à la grâce qui oriente vers la W. Il est donc clair qu'après le péché l'homme ne peut s'abstenir de tout péché avant d'être ramené par la grâce à l'ordre voulu. Dans ces conditions, l'opinion des Pélagiens n'est-elle pas stupide ? Ils prétendaient que l'homme en état de péché peut éviter le péché sans la grâce ». Vient ensuite le texte cité plus haut « Bien que ceux qui sont dans le péché... » dont se servent les adversaires. Quelle est l'intention de saint Thomas ? non pas de prouver que certains pécheurs sont privés de toute grâce actuelle, ni qu'ils ne peuvent éviter tous les péchés, ni qu'ils pèchent et qu'ils sont dignes de châtiments, mais de prouver, contre les Pélagiens, que l'homme qui n'a pas la grâce sanctifiante ne peut s'abstenir de pécher. Le saint parle certainement de la grâce sanctifiante parce que c'est uniquement celle-là qui remet l'âme dans l'ordre voulu. C'est de cette même grâce sanctifiante qu'il entend parler lorsqu'il dit « à moins d'être prévenus par le secours de la grâce ». Il veut dire ceci : si le pécheur n'est pas prévenu, c'est-à-dire possédé par la grâce et donc tenu, selon l'ordre fixé, d'avoir Dieu pour fin ultime, il ne peut éviter de commettre de nouveaux péchés. Ainsi l'entendent les thomistes, tels que Silvestre de Ferrare et Gonet, à propos de ce texte. Mais inutile de recourir à d'autres ! C'est évident d'après ce que dit saint Thomas dans la Somme. Il y parle du même problème et apporte exactement les mêmes raisons, dans les termes de son livre Contra Gentes chapitre 160 : il n'y parle expressément que de la seule grâce habituelle ou sanctifiante.

Impossible que le saint Docteur l'ait entendu autrement ! N'enseigne-t-il pas ailleurs que la divine grâce ne manque jamais à personne ? Il le dit dans son Commentaire de saint Jean : « Ne crois pas que cet effet puisse provenir de la privation de la vraie lumière, l'Évangile l'exclut formellement : il était la vraie lumière qui illumine tous les hommes. Le Verbe éclaire, pour autant qu'il dépend de lui, car il ne fait défaut à personne. Il veut même que tous les hommes soient sauvés. Si quelqu'un n'est pas illuminé, c'est qu'il se détourne de la lumière ». Il enseigne également ceci : Il n'y a aucun pécheur, si perdu soit-il et privé de la grâce, qui ne puisse renoncer à son obstination et se conformer à la volonté de Dieu. Mais il ne peut certainement pas le faire sans le secours de la grâce : « Il n'est personne sur cette terre qui ne puisse renoncer à son obstination et se conformer ainsi à la volonté de Dieu ». Il dit ailleurs : « Aussi longtemps que l'homme jouit ici-bas de son libre arbitre… il peut se préparer à la grâce par le repentir de ses péchés ». Ce repentir ne peut avoir lieu sans la grâce. Et ailleurs : « Aucun homme ici-bas, si obstiné soit-il dans le mal, qui ne puisse collaborer à sa conversion ! ». Il faut nécessairement que s'y ajoute le secours de la grâce. Il commente ailleurs les paroles de saint Paul « Il veut que tous les hommes soient sauvés » : « La grâce de Dieu ne fait donc défaut à personne, mais pour autant qu'il dépend de lui il la communique à tous ». Sur ces mêmes paroles de l'Apôtre, il ajoute : « Pour autant qu'il dépend de lui, Dieu est prêt à donner sa grâce à tous… Seuls en sont privés ceux qui y mettent en eux-mêmes un obstacle ; ils ne peuvent donc pas être excusés s'ils pèchent »

Quand saint Thomas dit : « Dieu est prêt à donner la grâce à tous », il n'entend pas parler de la grâce actuelle, ainsi que nous l'avons vu plus haut, mais de la seule grâce sanctifiante. Le Cardinal Gotti réfute très justement certains auteurs qui soutiennent que Dieu tient préparés près de lui les secours nécessaires au salut, mais qu'en fait, il ne les accorde pas à tous. De quoi servirait au malade, dit ce savant auteur, que le médecin ait chez lui les remèdes s'il ne consentait pas à les appliquer ? Il arrive donc à cette conclusion : il faut nécessairement admettre « que Dieu non seulement offre mais donne à tous les hommes, même aux infidèles et aux endurcis, les secours suffisants, soit au moins médiats, pour observer les commandements ». Du reste, selon saint Thomas, seuls les péchés des démons et des damnés ne peuvent être effacés par la pénitence. Mais « c'est une erreur de dire qu'un péché ne peut pas être remis par la vraie pénitence... parce que l'on contredirait ainsi la puissance de la Passion du Christ ». Si la grâce venait à manquer à quelqu'un, il ne pourrait pas se repentir. En outre, comme nous l'avons déjà vu, saint Thomas enseigne expressément, spécialement dans son commentaire du chapitre 12 de la lettre de saint Paul aux Hébreux, que Dieu ne refuse à personne, pour autant qu'il dépend de lui, la grâce nécessaire à la conversion : « La grâce de Dieu ne fait défaut à personne mais, pour autant qu'il dépend de lui, elle est donnée à tous ». Le savant théologien du Séminaire de Périgueux a raison d'affirmer : « Ce serait calomnier saint Thomas que de l'accuser d'avoir enseigné que certains pécheurs sont totalement abandonnés par Dieu ». Le Cardinal Bellarmin fait sur ce point une sage distinction : pour éviter de nouveaux péchés, tout pécheur reçoit en tout temps le secours au moins médiat. « Dans sa bienveillance, Dieu accorde à tous, en tout temps, soit immédiatement, soit médiatement, le secours suffisant et nécessaire pour éviter les péchés... Nous disons soit médiatement parce qu'il est sûr que certains n'ont pas le secours qui leur permet immédiatement d'éviter le péché, mais ils ont la grâce de pouvoir demander à Dieu de plus grands secours : ils pourront ainsi éviter le péché ». Quant à la grâce de la conversion, celle-ci n'est pas donnée en tout temps au pécheur. Personne cependant ne sera jamais abandonné de Dieu « au point d'être privé de son secours, de façon certaine et absolue, durant toute sa vie, au point de désespérer de son salut ».

Les Théologiens thomistes, ses disciples, partagent la même opinion. Le très savant Père Dominique Soto affirme : « Je suis plus que certain et je crois même que toujours de saints Docteurs dignes de ce nom ont soutenu que personne n'a jamais été abandonné de Dieu en cette vie ». La raison en est claire : si le pécheur était complètement privé de la grâce, les fautes qu'il continuerait à commettre ne pourraient plus lui être imputées à péché ou bien il serait sans cesse affronté à des devoirs impossibles. Mais saint Augustin a pour principe indubitable : « Qui pèche, en effet, sur un point sur lequel il ne peut absolument pas se garder ? ». C'est bien ce qu'affirme l'Apôtre : « Dieu est fidèle ; il ne permettra pas que vous soyez tentés au-delà de vos forces ; mais avec la tentation il ménagera le moyen d'en tirer avantage, en vous donnant le pouvoir de la supporter » (1 Co 10,13). Ce moyen d'en tirer avantage signifie que le Seigneur envoie son secours à ceux qui sont tentés pour qu'ils puissent résister à la tentation. C'est aussi ce qu'explique saint Cyprien : « Avec la tentation il donnera la possibilité d'y échapper ».

Primase parle encore plus clairement : « Il fera en sorte que nous puissions soutenir la tentation c'est-à-dire qu'il nous fortifiera par sa grâce ; nous pourrons ainsi repousser la tentation ». Saint Augustin et saint

Thomas vont jusqu'à dire : Dieu serait injuste et cruel s'il obligeait quelqu'un à observer un commandement impossible. Saint Augustin : « Quant à tenir quelqu'un pour coupable de péché parce qu'il n'a pas fait ce qu'il ne pouvait pas faire, c'est le comble de l'iniquité et de la stupidité ». Saint Thomas ajoute : « Dieu n'est pas plus cruel que l'homme. Or, il est cruel pour un homme de commander à quelqu'un une chose irréalisable. Il est impensable que Dieu puisse demander quelque chose de semblable ». Il en va différemment, ajoute encore saint Thomas, quand « c'est par sa faute que manque à quelqu'un la grâce qui lui permettrait de pratiquer les commandements ». C'est bien le cas quand on néglige d'utiliser la grâce éloignée de la prière : avec celle-ci, en effet, on peut obtenir la grâce prochaine qui rend possible l'observation du commandement, comme l'enseigne le Concile de Trente : « Dieu n'ordonne pas l'impossible, mais lorsqu'il ordonne il t'engage à faire ce que tu peux et à demander ce que tu ne peux pas, et il t'aide à pouvoir ».

Saint Augustin confirme cela en beaucoup d'autres endroits : pas de péché en ce que l'on ne peut pas éviter ! « Si l'on ne pouvait pas choisir entre le mal et le bien, aucune récompense ni aucun châtiment ne serait juste » « S'il leur est impossible de s'abstenir de ce qu'ils font nous ne pouvons leur imputer aucun péché ». Le démon suggère une façon de faire. C'est à nous, avec le secours de Dieu, de la choisir ou de la rejeter. Pourquoi donc, puisque tu le peux avec la grâce de Dieu, ne décides-tu pas d'obéir à Dieu plutôt qu'au démon ? « Nul n'est coupable s'il n'a pas consenti librement ». « Personne ne mérite de blâme lorsqu'il ne fait pas ce qui n'est pas en son pouvoir ». Saint Jérôme pense de même : « Nous ne sommes pas contraints à la vertu ou au vice. Si l'on est forcé d'agir, pas de condamnation ni de couronne ! » Tertullien : « On n'imposerait pas une loi à quelqu'un qui ne pourrait pas l'observer normalement ». L'Ermite Marc : « La grâce nous aide discrètement, mais il est en notre pouvoir de faire ou de ne pas faire le bien ». Saint Irénée, saint Cyrille d'Alexandrie, saint Jean Chrysostome et d'autres sont du même avis.

Que l'on n'objecte pas ce que dit saint Thomas, à savoir que la grâce serait refusée par suite du péché originel ! « Ce secours de la grâce, c'est assurément par miséricorde qu'il est accordé à ceux qui le reçoivent ; quant à ceux qui ne l'ont pas, c'est par justice qu'il ne leur est pas donné comme peine d'un péché qui a précédé, ou tout au moins du péché originel, comme dit saint Augustin ». Le savant Cardinal Gotti répond à cette objection : Saint Augustin et saint Thomas parlent de la grâce actuelle prochaine qui est donnée pour pratiquer les commandements de la foi et de la charité. Saint Thomas en traite précisément à cet endroit. Mais ils n'entendent nullement nier que le Seigneur donne à chacun la grâce intérieure qui lui permettra, au moins médiatement, d'obtenir la grâce de la foi et du salut. En effet, avons-nous vu, les deux saints Docteurs ne mettent pas en doute que Dieu accorde à chacun la grâce au moins éloignée pour observer les commandements. Ajoutons-y l'autorité de saint Prosper : « La doctrine ci-dessus s'applique toujours dans une certaine mesure à tous les hommes : bien que certains ne reçoivent qu'une grâce moindre, celle-ci suffit à les guérir, elle permet à tous de témoigner ».

Si certains péchaient par suite du péché originel qui leur serait imputé comme faute personnelle, ils n'auraient même pas la grâce suffisante éloignée ; on devrait conclure : la liberté de la volonté que nous sommes supposés avoir eue dans le péché d'Adam est suffisante pour qu'il y ait péché. Mais cette idée est expressément condamnée dans la première Proposition de Michel Baïus : « Pour qu'il y ait péché formel et démérite, il suffit que le péché ait été volontaire et libre dans sa cause à savoir le péché originel et l'acte libre d'Adam pécheur ». Le Cardinal Bellarmin réfute cette proposition : pour commettre un péché distinct de celui d'Adam, il faut un nouvel exercice de la liberté et d'une liberté distincte de celle d'Adam ; autrement, il n'y a point de péché distinct, ainsi que l'enseigne saint Thomas : « Pour qu'il y ait péché personnel, un pouvoir personnel est requis ». En outre, le Concile de Trente a déclaré par rapport aux baptisés : « En ceux qui ont été régénérés par le baptême, plus rien ne reste que Dieu haïsse, car rien n'est désormais condamnable en ceux qui ont été ensevelis dans la mort avec le Christ par le baptême ». Et il ajoute : la concupiscence ne subsiste pas au titre d'un châtiment mais « en vue du combat à mener et elle ne peut pas nuire à ceux qui n'y cèdent pas ». Mais elle nous nuirait beaucoup si, à cause d'elle, Dieu allait jusqu'à nous refuser la grâce éloignée nécessaire au salut.

Plusieurs théologiens concluent : il serait contre la foi de dire que Dieu refuse à certains la grâce suffisante pour observer les commandements parce qu'alors Dieu les obligerait à l'impossible. Le Père Nunez affirme : « Dieu ne refuse jamais la grâce suffisante pour observer les commandements ; autrement, ceux-ci deviendraient inobservables et l'on en reviendrait à l'hérésie de Luther, à savoir que Dieu a obligé l'homme à l'impossible ». Et ailleurs : « Il est de foi, et le contraire est une hérésie manifeste, que tout homme ici-bas peut faire pénitence de ses péchés ». Et le Père Ledesma : « Il est certain selon la foi que ce qui ne relève pas du libre pouvoir de l'homme n'est pas péché ».

Juénin soutient : lorsque quelqu'un choisit de commettre volontairement tel ou tel péché, bien qu'il pèche alors nécessairement parce qu'il n'a pas la grâce actuelle suffisante pour lui faire éviter tout péché, il se rend coupable au titre de la liberté d'exercice ou de choix. Mais cette opinion — à savoir que quelqu'un pèche alors qu'il n'a pas d'autre liberté que celle de choisir son péché et qu'il est en même temps contraint de pécher — fait à juste titre bondir le savant archevêque de Vienne (France), Monseigneur de Saléon, dans son livre Jansénius ressuscité : « Qui pourrait admettre que pèche vraiment quelqu'un qui est privé de la grâce, contraint de pécher et qui n'a d'autre liberté que celle de choisir tel péché plutôt que tel autre ? ». Si un condamné à mort n'a d'autre liberté que celle de choisir de mourir par le fer, le poison ou le feu, devra-t-on dire que son choix le fera mourir volontairement et librement ? Alors, comment peut-on imputer à péché la faute de quelqu'un qui est contraint de pécher de telle ou telle façon ? La proposition 67 de Baïus a été condamnée : « L'homme pèche d'une manière coupable même lorsqu'il agit sous la contrainte ». Là où est la nécessité de pécher, où est la liberté ? Jansénius répond : « pour pécher il suffit de la liberté de la volonté que nous sommes censés avoir eue dans le péché d'Adam. Mais cette opinion a été condamnée dans la Proposition 1 de ce même Baïus : « Pour qu'il y ait péché formel et démérite, il suffit que le péché ait été volontaire et libre dans sa cause, le péché originel et l'acte libre d'Adam pécheur ».

Les adversaires insistent : bien que le pécheur privé de la grâce ne puisse éviter tous les péchés mortels globalement, il peut néanmoins éviter chaque péché distributivement c'est-à-dire séparément « par simple abstention ou négation de l'acte », comme ils disent. Mais cette thèse est inadmissible pour plusieurs raisons :

1°) Quand on est assailli par une violente tentation exigeant un grand effort pour y résister, on ne peut moralement en triompher, comme disent tous les théologiens, qu'avec le secours de la grâce ou en succombant à une passion mauvaise opposée : ce pécheur privé de la grâce serait alors forcément contraint à pécher d'une façon ou d'une autre, ce qui est horrible, avons-nous dit.

2°) Quand une grande passion pousse l'homme au mal sur un point précis, il n'y a pas toujours — c'est même rare — un autre motif désordonné en sens contraire, qui soit assez fort pour que l'on s'abstienne de céder à cette passion. Quand ce motif opposé n'existe pas, le pécheur serait contraint à commettre le mal précis auquel il se sent incliné ?

3°) La « simple abstention de l'acte », comme ils disent, est à peine imaginable quand il s'agit de préceptes négatifs. Elle est impossible, comme le font remarquer Tournely et le Cardinal Gotti, quand il s'agit d'un précepte positif demandant d'accomplir un acte surnaturel, comme les actes de foi, d'espérance, de charité et de contrition. Pour accomplir ces actes surnaturels, il faut nécessairement l'aide surnaturelle de Dieu. Dans ces cas-là au moins, l'homme privé de la grâce pécherait nécessairement en n'observant pas le précepte positif, bien qu'il ne puisse pas éviter le péché. Ce serait aller contre la foi, dit le Père Banez, que de le soutenir : « Chaque fois que quelqu'un pèche, dit-il, il faut qu'il ait reçu effectivement une inspiration divine. Nous considérons cette conclusion comme certaine selon la foi. Personne, en effet, ne pèche en ne faisant pas ce qui lui est impossible. Ceci est également certain selon la foi. Mais celui qui n'a rien reçu en dehors de ce qui relève de la nature humaine ne peut absolument rien au-dessus de la nature. Il ne pèche donc pas en n'accomplissant pas quelque chose de surnaturel ».

Que l'on ne dise pas : c'est par sa faute que ce pécheur est privé de la grâce. Il pèche donc, bien que privé de la grâce. Le Cardinal Gotti répond parfaitement à cette objection : Le Seigneur peut avec raison punir ce pécheur pour les fautes qu'il a commises précédemment, mais non pas pour des manquements futurs à des commandements impossibles à observer.

Si un serviteur, dit-il, était envoyé quelque part et tombait dans une fosse par sa faute, le patron pourrait bien le punir pour son étourderie, et aussi si ce serviteur refusait d'utiliser les moyens de sortir de cette fosse (échelle, corde...). Mais si le patron refusait de l'aider à sortir, ce serait de la tyrannie que de l'obliger à continuer sa route et de le punir de ne pas le faire. Il conclut donc : « Lorsque l'homme tombé dans la fosse du péché ne peut poursuivre sa route vers le salut éternel, Dieu pourrait le punir de cette faute ainsi que de refuser le moyen de s'en sortir. Mais si Dieu le laissait dans son impuissance, il ne pourrait pas l'obliger sans injustice à continuer sa route ni le punir de ne pas le faire ».

On nous oppose de nombreux textes de la Sainte Écriture qui semblent parler de cet abandon de Dieu : « Aveugle le cœur de ce peuple... de sorte qu'il ne voie point et qu'il ne se convertisse point et que je ne le guérisse point » (Is 6,10). « Nous avons soigné Babylone mais elle n'a pas été guérie, abandonnons-la » (Jr 51,9). « Ajoute l'iniquité à leur iniquité et qu'ils n'aient point part à ta justice » (Ps 69 (68), 28). « Aussi Dieu les a-t-il livrés à des passions avilissantes » (Rm 1,26). « Ainsi donc il fait miséricorde à qui il veut et il endurcit qui il veut » (Rm 9,18). Et d'autres textes semblables. Mais on répond facilement et communément à tous ces textes : souvent dans les Saintes Écritures il ne s'agit pas d'actes réels mais de simples permissions de Dieu. Ne suivons pas Calvin dans ses blasphèmes. Ne disons pas comme lui que Dieu en prédispose et détermine certains à pécher. Non, mais Dieu permet qu'en punition de leurs fautes certains soient assaillis par de violentes tentations : châtiment dont nous prions le Seigneur de nous délivrer dans le Notre Père : « Ne nous soumets pas à la tentation ». Dieu permet aussi qu'ils restent moralement abandonnés dans leurs péchés. Sans doute, la conversion et la résistance aux tentations ne leur sont pas impossibles ni sans espoir. Mais, par suite de leurs fautes et de leurs mauvaises habitudes, cela leur devient très difficile. Dans leur état de relâchement, leurs désirs et leurs efforts pour résister à leurs mauvaises habitudes et pour se mettre sur le chemin du salut seront très faibles et très rares. Il s'agit de l'obstination imparfaite dans laquelle le pécheur reste endurci et dont parle saint Thomas : « Il est endurci au point de ne pouvoir coopérer facilement à sortir de son péché. C'est l'obstination imparfaite dans laquelle quelqu'un est enfermé : sa volonté est tellement rivée au péché qu'elle ne produit plus que de faibles élans vers le bien ». L'esprit est obscurci. La volonté est insensible aux divines inspirations et attachée aux plaisirs des sens. Elle méprise et prend en dégoût les biens spirituels. Par suite des mauvaises habitudes, les passions et les appétits sensibles prennent le dessus dans l'âme. Parce que celle-ci méprise et néglige les lumières et les appels de Dieu, elle est responsable de leur inefficacité. Elle ressent même une certaine aversion pour ces lumières et ces appels, parce qu'elle ne veut pas être troublée dans ses plaisirs sensuels. Tout cela explique l'abandon moral du pécheur : il ne peut sortir qu'avec une extrême difficulté de son misérable état et se mettre à mener une conduite régulière.

Pour en sortir et passer d'un seul coup d'un tel désordre au bon ordre du salut, il lui faudrait une grâce abondante et extraordinaire mais Dieu accorde rarement cette grâce à ces pécheurs obstinés. Il la donne parfois à certains, dit saint Thomas. Il les choisit pour en faire des vases de miséricorde, comme l'écrit l'Apôtre Paul, pour manifester sa bonté. Il la refuse à bon droit à d'autres et les laisse dans leur malheureux état, pour montrer sa Justice et sa Puissance. « Parfois, dit le Docteur Angélique, en vertu de sa grande bonté, il offre son secours même à ceux qui mettent obstacle à la grâce et il les convertit, etc. Il n'éclaire pas tous les aveugles ; il ne guérit pas tous les malades ; de même, il n'offre pas la grâce de la conversion à tous ceux qui mettent obstacle à la grâce... » C'est ce qu'exprime l'Apôtre Paul (Rm 9,22) : « Si Dieu, voulant manifester sa colère et faire connaître sa puissance, a supporté avec beaucoup de patience des vases de colère devenus dignes de perdition, afin de manifester la richesse de sa gloire envers des vases de miséricorde qu'il a d'avance préparés pour la gloire... » Et saint Thomas ajoute : « On ne doit pas chercher à savoir pourquoi le Seigneur en convertit certains qui vivent dans les mêmes péchés, alors qu'il souffre ou permet que les autres suivent leur destin : pourquoi convertit-il les uns et pas les autres ? D'où ces paroles de l'Apôtre : « Le potier n'est-il pas maître de son argile pour fabriquer de la même pâte un vase de luxe ou un vase quelconque ? » (Rm 9,21).

Pour conclure, nous ne nions pas l'abandon moral de certains pécheurs obstinés, dont la conversion est moralement impossible, c'est-à-dire très difficile. Ceci ne peut-il pas suffire à montrer la bonne intention de nos adversaires dans la défense de leur opinion ? Ils veulent dresser une barrière devant les pécheurs et les amener à se repentir avant qu'ils en arrivent à un si lamentable état. Mais, dit l'auteur de la Théologie de Périgueux, il est cruel de vouloir leur enlever toute espérance et de leur fermer entièrement la voie du salut, en prétendant qu'ils sont tombés dans un abandon total : ils seraient, en effet, privés de toute grâce actuelle pour éviter les nouveaux péchés et pour se convertir. Mais ils le peuvent, au moins médiatement, par la prière. Cette grâce n'est refusée à personne en cette vie, comme nous le montrerons dans le chapitre quatrième. Ils peuvent ainsi obtenir des secours abondants pour se remettre sur le chemin du salut. En revanche, la peur inspirée par l'abandon total les amènerait à désespérer mais aussi à se livrer davantage au vice. Convaincus d'être totalement privés de la grâce, ils n'auraient plus aucun espoir d'éviter la damnation éternelle.

CHAPITRE III. EXPOSÉ ET RÉFUTATION DU SYSTÈME DE JANSÉNIUS FONDÉ SUR LA DÉLECTATION RELATIVEMENT VICTORIEUSE.

Nous allons donc prouver, dans ce chapitre, que la grâce de la prière est donnée à tous. Cette doctrine ne plaît pas à Jansénius qui va jusqu'à l'appeler une illusion ou une hallucination : « Penser que l'homme a toujours la grâce de prier est une hallucination ». D'après son système, on a besoin, même pour prier, de la délectation relativement victorieuse. Celle-ci n'est pas donnée à tous parce que, ajoute-t-il, tous n'ont pas la grâce suffisante et la force d'observer les commandements. Beaucoup, en effet, n'ont pas la grâce éloignée de prier comme il faut ou même tout simplement de prier : « La plupart, continue Jansénius, ou bien ne demandent pas la grâce qui leur permettrait de pratiquer les commandements ou bien ne la demandent pas comme il faut. Or la grâce de prier avec ferveur ou même tout simplement de prier n'est pas donnée à tous. Il est donc clair que beaucoup de fidèles n'ont pas la grâce suffisante ni la possibilité permanente de pratiquer les commandements, contrairement à ce que certains affirment ». Il est donc nécessaire, avant de prouver notre opinion, de réfuter le pernicieux système de Jansénius, cause de toutes ses erreurs : la victime de l'hallucination, c'est lui et pas les autres ! Tout le monde connaît bien les cinq propositions de Jansénius, condamnées par l'Église comme hérétiques. Or, comme le prouve Tournely, toutes ces propositions proviennent de son système de la délectation prépondérante sur lequel il fonde toute sa doctrine. Le Père Ignace de Graveson le dit également : « C'est de ce principe pernicieux que Jansénius et ses disciples déduisent ces conclusions (les cinq propositions), qui lui sont très étroitement liées ». De même le P Berti : « Du principe des deux délectations invincibles découlent comme d'une source presque toutes les autres erreurs de Jansénius, surtout les cinq propositions condamnées ». Le Père Fortunat de Brescia, dans son livre Réfutation du Système de Cornélius Jansénius, démontre clairement qu'une fois admis le système de Jansénius il faudrait aussi admettre les cinq propositions condamnées.

Exposons donc clairement le système de Jansénius. Depuis le péché d'Adam, dit-il, la volonté de l'homme ne peut agir qu'en suivant ou la délectation de la grâce qu'il appelle Céleste, ou la délectation de la concupiscence qu'il appelle Terrestre, selon que l'une ou l'autre l'emporte. Quand la délectation céleste est plus forte, elle l'emporte nécessairement ; si la délectation terrestre a le dessus, la volonté doit nécessairement s'incliner.

Jansénius ne parle pas de la délectation délibérée

ou conséquente ; sinon tous les théologiens catholiques seraient d'accord avec lui. En effet, quand la délectation est bien réfléchie ou délibérée et que la volonté la suit, non par contrainte mais librement, il est nécessaire, sans aucun doute, que la volonté suive cette délectation. Mais Jansénius entend parler de la délectation indélibérée. Il interprète dans ce sens le texte célèbre de saint Augustin : « Nous agissons nécessairement selon ce qui nous plaît le plus ». Or ce texte, nous le démontrerons, doit s'entendre nécessairement de la délectation délibérée et conséquente. C'est donc par erreur que Jansénius l'entend de la délectation indélibérée et antérieure à tout acte de la volonté : toute sa doctrine repose là-dessus. D'après lui, il n'existe plus de grâce suffisante : ou bien celle-ci ne fait pas le poids et n'est donc pas suffisante, ou bien elle l'emporte sur la concupiscence et elle est alors nécessairement efficace. Pour lui, toute l'efficacité de la grâce consiste uniquement dans la supériorité relative de la délectation indélibérée : « Ce ne sera pas une grâce suffisante, dit-il, elle sera efficace ou bien totalement inefficace et aucun acte ne pourra suivre ». Une fois posé ce système, les cinq propositions condamnées en découlent comme autant de conclusions. Ne parlons ici que de la première et de la troisième, qui sont davantage dans la ligne de notre sujet.

La première proposition dit ceci : « Certains commandements de Dieu sont impossibles à observer par des justes, bien qu'ils le veuillent et qu'ils s'y essaient selon les forces qu'ils ont présentement ; il leur manque également la grâce qui les leur rendrait possibles ». Certains commandements, affirme donc Jansénius, deviennent impossibles, même pour des justes qui voudraient pourtant les observer et qui s'y efforcent, parce qu'il leur manque la grâce qui leur permettrait de l'emporter sur la concupiscence : « Il est impossible que nous ne soyons pas vaincus, à cause de la faiblesse de notre volonté, sauf si la délectation céleste est plus forte que la terrestre ». Et ailleurs : « Quand agit la délectation charnelle, il est impossible que la considération de la vertu l'emporte ». Si l'on parle de la grâce en elle-même et de façon absolue, et si on la considère en dehors de l'acte lui-même et de ses circonstances, disait Jansénius, elle serait suffisante pour entraîner la volonté au bien. Par contre, si l'on en parle de façon relative, c'est-à-dire quand la délectation céleste est moins forte que la délectation charnelle, quand celle-ci l'emporte sur la grâce, l'acte suit toujours, la grâce est alors absolument insuffisante pour entraîner le consentement de la volonté. Le Père de Graveson écrit fort sagement : la puissance absolue que la grâce donnerait pour observer les commandements n'est plus alors, quand cette grâce est moins forte que la concupiscence, une puissance capable d'agir mais une véritable impuissance ; la volonté ne peut plus alors faire le bien, tout comme dans une balance un poids inférieur ne peut pas l'emporter sur un poids supérieur. Mais comment pourra-t-on considérer comme coupable quelqu'un qui n'observe pas un commandement alors qu'il n'a pas la grâce au moins suffisante pour cela ? L'objection est forte et n'est que trop juste. Aussi Jansénius ne peut-il pas y échapper et se la pose-t-il à lui-même : « Comment ne sont-ils pas excusables, ceux à qui fait défaut la grâce nécessaire pour observer les commandements ? ». La difficulté est grande et il cherche à s'en tirer de plusieurs façons.

Il répond d'abord : l'impuissance excuse lorsque l'on veut observer le commandement et qu'on ne le peut pas, mais pas quand on ne le veut pas. On réplique alors à Jansénius : d'après son principe, si la volonté doit nécessairement céder à la délectation indélibérée de la concupiscence parce que celle-ci l'emporte sur la grâce, il est physiquement impossible alors d'observer le commandement. Si la délectation charnelle est plus forte, la grâce n'est plus assez forte pour la vaincre. Jansénius lui-même l'admet. La délectation supérieure, dit-il, détermine intrinsèquement et entraîne infailliblement la volonté ; celle-ci n'a plus alors aucune possibilité relative d'y résister. « Dans la doctrine de Jansénius et de ses disciples, dit le Père de Graveson, il ne s'agit pas d'une nécessité morale mais d'une nécessité antécédente invincible ». Sans la délectation prépondérante de la grâce, dit Jansénius, il nous est aussi impossible d'observer le commandement qu'à un être sans ailes de voler, à un aveugle de voir, à un sourd d'entendre, à un handicapé de marcher droit : « Sans elle, l'homme est aussi incapable de bien agir que de voler sans ailes… ». Et ailleurs : « … de même qu'il est impossible à un aveugle de voir, à un sourd d'entendre, à un estropié de marcher droit ». Il en serait de même de quelqu'un qui a des yeux mais qui serait privé de la lumière. Quelqu'un qui a des yeux mais qui est privé de la lumière est tout aussi incapable de voir qu'un aveugle sans yeux. En effet, l'impossibilité physique n'est rien d'autre que ce qui dépasse les forces naturelles.

Chacun voit combien cette première réponse est sans fondement. Voyons la seconde qui est encore moins fondée. L'homme peut observer tous les commandements, dit-il, en ce sens que Dieu peut lui donner la grâce nécessaire pour cela : « On dit que tous les hommes peuvent croire, sans ce qui nous préoccupe beaucoup car presque personne ne doute qu'elle ne soit nécessaire pour vouloir ». La liberté de l'homme consiste donc, d'après Jansénius, dans la délectation ainsi que dans la connaissance de l'objet ou bien dans le jugement indifférent par lequel l'homme connaît le bien et le mal de l'acte : dans le cas de l'homicide, par exemple, on connaît le mal de la faute et le plaisir de la vengeance. C'est pourquoi il dit ailleurs : les impies pèchent dans la mesure où ils connaissent par la loi la malice du péché : « Le premier effet de la loi est de donner la connaissance du péché », et il s'appuie sur le texte de saint Paul : « Je n'ai connu le péché que par la loi ». Calvin avait dit avant lui : « Le but de la loi est de rendre l'homme inexcusable ; ce qui permet de déclarer que quelque chose est mal, c'est la connaissance de la conscience pouvant distinguer entre le bien et le mal : on ne peut pas ainsi prétexter l'ignorance ». Mais nous répondons : ce n'est pas le jugement indifférent, c'est-à-dire la connaissance du bien et du mal laquelle ne relève que de l'intelligence, qui peut constituer le libre arbitre. Celui-ci est entièrement le fait de la volonté car il est le libre choix de la volonté de faire ou de ne pas faire une chose.

Quatrième réponse de Jansénius : elle est encore plus faible et moins fondée que les trois premières. Pour pécher, dit-il, il n'est pas nécessaire d'avoir la liberté d'indifférence par laquelle on n'est nullement contraint de pécher. Il suffit de la liberté d'exercice ou de choix, par laquelle on peut s'abstenir du péché auquel pousse la concupiscence, en en commettant un autre : « ... par laquelle on peut faire ce péché ou bien s'abstenir en en faisant au moins un autre ». Il met ainsi l'homme dans la nécessité, pour éviter un péché, d'en commettre obligatoirement un autre. Une telle liberté suffit, dit-il, à le rendre coupable, bien qu'il soit contraint de pécher d'une manière ou d'une autre. Voici comment il l'explique plus clairement dans un autre endroit : « Le libre arbitre des pécheurs ne cesse nullement d'être libre lorsqu'ils pèchent, bien qu'ils soient tenus par une nécessité générale de pécher. En effet, il aura la liberté d'exercice, comme l'on dit : il ne sera contraint que quant au choix précis à faire ». Nous pourrions reproduire ici tout ce que nous avons dit contre Juénin (chapitre II). Celui-ci prétend que certains, bien que privés de la grâce suffisante, pèchent cependant en vertu de cette liberté d'exercice. Mais quelle est donc cette liberté, avons-nous déjà dit, qui permette de déclarer coupable un homme, juste ou pécheur, contraint à pécher d'une manière ou d'une autre ? Le Docteur Angélique dit : c'est une hérésie de prétendre que la volonté mérite ou démérite lorsqu'elle agit par nécessité, bien que non forcée : « Certains ont soutenu que la volonté de l'homme est poussée par la nécessité à faire un choix ; ils ne soutenaient cependant pas que la volonté était forcée... Cette opinion est hérétique ; elle supprime le mérite ou le démérite dans les actes humains ; on ne voit pas, en effet, comment peut être méritoire ou déméritoire ce que l'on fait par nécessité, au point de ne pas pouvoir l'éviter ». En effet d'après tous les théologiens, quand quelqu'un est contraint à faire tel péché ou bien tel autre et qu'il choisit le moins grave, il ne pèche pas, bien qu'il le choisisse volontairement. En effet, il manque de la liberté nécessaire pour que ce péché puisse lui être imputé. Il s'ensuit, dans notre cas, que si quelqu'un, en raison de la concupiscence supérieure à la grâce, choisissait le moindre mal, il ne pécherait point.

Mais laissons de côté toutes ces réflexions. Voici la réponse directe. Si l'on admet avec Jansénius le principe direct de la délectation relativement victorieuse, cette liberté d'exercice, consistant à s'abstenir d'un péché en en commettant un autre, n'existe nullement. Son principe est celui-ci, comme nous l'avons vu plus haut : quand la délectation charnelle l'emporte sur la céleste, la volonté est contrainte de façon précise à accepter celle à laquelle elle est physiquement poussée. Aussi dit-il quelque part que la délectation supérieure supprime l'indifférence de la volonté : de même que le poids fait baisser le plateau de la balance, en équilibre auparavant, ainsi la délectation pousse la volonté à accepter le plaisir qu'elle lui propose : « Par suite des attraits de la délectation charnelle, quelqu'un qui était d'abord indifférent à agir ou à ne pas agir est entraîné par le plaisir dans un sens ou dans l'autre, à l'exemple du plateau sur lequel on ajoute un poids ». Il dit de même dans un autre endroit, pour réfuter ceux qui veulent que la délectation supérieure entraîne moralement la volonté : ce n'est pas moralement, assure-t-il, mais physiquement qu'elle pousse et prédétermine la volonté à embrasser l'objet proposé : « On appelle prédétermination morale celle qui vient uniquement de l'objet, comme lorsque quelqu'un conseille, prescrit, demande, mais la délectation dont nous parlons réside dans la faculté même de la volonté ; par la puissance de sa douceur particulière, elle la pousse à vouloir et ainsi la détermine ; la faisant se déterminer, elle la prédétermine donc ». D'après Jansénius, la délectation prédétermine la volonté à embrasser l'objet vers lequel elle la pousse, avant même que la volonté ne se détermine elle-même. Il n'est pas douteux que ce soit bien là la vraie pensée de Jansénius, nous assure le savant Dirois : cette doctrine, nous dit celui-ci, ne diffère pas de celle des physiognomistes qui faisaient dépendre la volonté de l'homme de l'influence des planètes : « la volonté est déterminée à choisir le but qu'elle se propose par une impulsion qui précède sa détermination ». L'archevêque de Vienne, auteur du livre « Baianisme et Jansénisme ressuscité », dit de même : « Les Jansénistes prétendent que la volonté est invinciblement déterminée à agir par une détermination supérieure en puissance, sans aucune considération pour la détermination future de la volonté elle-même ».

Ceci étant admis, où se trouve encore la liberté d'exercice ? En effet, la délectation prépondérante, selon Jansénius, prédétermine la volonté à l'accepter. De même que, dans la balance, le poids inférieur le cède nécessairement au poids supérieur, ainsi la volonté s'incline devant la délectation relativement victorieuse. Supposons le cas de quelqu'un qui est poussé par la délectation à s'emparer du bien d'autrui. Il pourrait sans doute renoncer à ce vol par souci de sa réputation. Mais si ce souci n'existe pas ou s'il est moins fort que la délectation venant de l'idée du vol, il ne peut certainement pas avoir le dessus. La liberté d'exercice n'existe certainement plus du tout.

Parlons maintenant de la troisième proposition de Jansénius : « Pour mériter et démériter, en l'état de nature déchue, l'absence de nécessité n'est pas requise mais l'absence de coaction ou de contrainte suffit ». Jansénius dit donc ; pour mériter ou pour pécher, la liberté d'indifférence excluant la nécessité n'est pas requise mais il suffit que la volonté n'y contredise pas. Et il va jusqu'à affirmer : c'est un paradoxe de dire que l'acte de la volonté est libre dans la mesure où la volonté peut l'accepter ou la refuser. Cette proposition, qui est également condamnée comme hérétique, découle pareillement du même système. En effet, si l'on admet que la volonté, poussée par la délectation prépondérante, doit nécessairement lui obéir, il s'ensuit nécessairement ceci, d'après Jansénius : pour mériter ou pour pécher, il suffit que l'on accepte de consentir à la délectation, bien que l'on ne puisse pas ne pas vouloir et que l'on soit physiquement contraint à le vouloir. Le Père Serry déclare cette doctrine tout simplement monstrueuse : « que le mérite puisse exister en même temps que la nécessité d'agir ». Saint Thomas l'avait déjà déclarée hérétique ; je me permets de répéter ici ses paroles citées plus haut : « Certains ont soutenu que la volonté de l'homme est poussée par la nécessité à faire un choix ; ils n'allaient toutefois pas jusqu'à dire que la volonté est forcée ou contrainte. Cette opinion est hérétique ; elle supprime la notion de mérite et de démérite dans les actes humains ; on ne voit pas, en effet, comment peut être méritoire ou déméritoire ce que quelqu'un fait par nécessité sans pouvoir l'éviter ».

Cette doctrine est dite très justement hérétique, car elle est contraire à toutes les Saintes Écritures : « Dieu qui est fidèle, a écrit l'Apôtre, ne permettra pas que vous soyez tentés au-delà de vos forces mais avec la tentation il ménagera aussi le moyen d'en tirer avantage, en vous donnant le pouvoir de la supporter » (1 Co 10, 13). Mais, soutient Jansénius, on est quelquefois tellement privé de la grâce que l'on ne peut résister à la tentation et que l'on se voit alors dans la nécessité d'y céder. Moïse dit au peuple : « Cette loi que je te prescris aujourd'hui n'est pas au-delà de tes moyens » (Dt 30, 11). « Bienheureux… qui a pu pécher et n'a pas péché, faire le mal et ne l'a pas fait » (Si 31, 10). Pour mériter il ne suffit donc pas d'agir volontairement, il faut aussi agir librement c'est-à-dire pouvoir manquer aux commandements et ne pas être forcé à les observer. C'est la même chose pour le péché : il est nécessaire d'avoir la grâce pour l'éviter et que ce soit par sa faute et volontairement que l'on y succombe. Que l'on ne réponde pas, comme l'impie Théodore de Bèze : cette nécessité ne dépend pas de la nature mais elle est une conséquence du péché originel ; l'homme s'est volontairement privé de la liberté et il est donc justement puni lorsqu'il pèche, même si c'est par nécessité. Nous répondons : si un serviteur se cassait les jambes par sa faute, son maître serait injuste si, après lui avoir pardonné cette faute, il voulait l'obliger à courir et le punissait s'il ne le faisait pas : « Quant à tenir quelqu'un pour coupable du péché, dit saint Augustin, parce qu'il n'a pas fait ce qu'il ne pouvait pas faire, c'est le comble de l'iniquité et de la stupidité ».

De plus, si l'on pouvait mériter et démériter, même quand on agit par nécessité et sans avoir la possibilité de faire le contraire, je ne vois pas comment cela pourrait être conforme à d'autres passages de la Bible : « Choisissez aujourd'hui qui vous voulez servir, soit les dieux que servaient vos pères... soit les dieux des Amorites... Quant à moi et ma famille, nous servirons Yahvé » (Jos 24, 15). Quand on agit par nécessité et sans liberté, il n'y a pas possibilité de choix. Ce texte prouve clairement la liberté de l'homme face à la nécessité. Le savant Père Petau dit à propos de ce texte : « On y voit une totale possibilité de choix entre deux objets. La volonté est comme suspendue entre deux. Elle peut adopter, à son choix, l'un ou l'autre des deux objets qu'on lui propose ». On trouve la même idée en d'autres textes de la Sainte Écriture : « Je prends aujourd'hui à témoin contre vous le ciel et la terre : je te propose la vie ou la mort, la bénédiction ou la malédiction, pour que toi et ta postérité vous viviez » (Dt 30, 19). « C'est lui qui au commencement a fait l'homme et l'a laissé à son conseil. Si tu le veux, tu garderas les commandements... Devant les hommes sont la vie et la mort, à leur gré l'une ou l'autre leur est donnée » (Si 15, 14-17). Petau ajoute à propos de ce passage : Si l'Ecclésiastique avait à trancher aujourd'hui ce problème, comment pourrait-il exprimer plus clairement la liberté de l'homme et l'absence de contrainte ? « S'il vivait parmi nous et avait à juger de notre vie, il ne pourrait pas employer des mots plus précis pour décrire la nature et les caractéristiques de la liberté humaine et du libre arbitre ». D'autres passages de la Sainte Écriture ont le même sens : « J'ai appelé et vous avez refusé » (Pr 1, 24). « Ils furent rebelles à la lumière » (Jb 24, 13). « Il attendait de beaux raisins : elle donna des raisins sauvages » (Is 5, 2). « Vous résistez toujours au Saint Esprit » (Ac 7, 51). Appeler, éclairer les esprits, porter la volonté au bien, est certainement l'œuvre du Saint Esprit. Mais comment peut-on dire que quelqu'un fait la sourde oreille aux appels, est rebelle à la lumière et résiste à la grâce, alors qu'il est privé de la grâce prépondérante et qu'il doit céder nécessairement à la concupiscence la plus forte ?

Mais comment se fait-il, demande Jansénius, que saint Augustin ait dit la même chose que moi, à savoir : « Nous agissons nécessairement selon ce qui nous plaît le plus » ? Avant de répondre à Jansénius, il nous faut préciser ceci : saint Augustin eut à réfuter plusieurs hérésies de son temps, toutes différentes entre elles, sur le problème de la grâce. Il eut à en parler sous divers aspects et fort longuement et, en plusieurs passages, il s'est exprimé d'une manière obscure. Par la suite, chacune des Écoles Catholiques s'est vantée de l'avoir de son côté, bien que différant d'opinion entre elles. Calvin et Jansénius eux-mêmes, dont les erreurs ont déjà été condamnées par l'Église, ont eu l'audace de se réclamer de lui. Calvin écrit contre Pighi : « Nous ne faisons que suivre saint Augustin... Pighi a beau crier, il ne peut pas nous empêcher d'avoir Augustin avec nous ». Quant à Jansénius, il cite saint Augustin comme son seul maître, au point d'intituler son livre tout simplement « Augustinus ». Et tous les Jansénistes ne se nomment qu'Augustiniens. Je n'en conclus qu'une seule chose : pour ne pas se tromper, il faut confronter un certain nombre de passages de saint Augustin avec d'autres textes où il expose sa véritable opinion. Venons-en maintenant à notre problème.

Nous l'avons déjà dit, l'expression employée par saint Augustin ne doit pas s'entendre de la délectation indélibérée et antérieure à toute intervention de la volonté humaine mais de la délectation délibérée et conséquente : quand on accepte librement la délectation, on doit nécessairement la suivre. Le saint Docteur le prouve en d'autres textes où il assimile la délectation à l'amour ou, pour mieux dire, il explique que la délectation supérieure est tout simplement cet amour délibéré et cette affection qui l'emporte en nous par suite de notre libre choix. Une fois que nous nous sommes laissés prendre librement par cette délectation, nous devons nécessairement la suivre. Le saint veut dire, en substance, que la volonté agit nécessairement selon ce qu'elle aime délibérément le plus. Il dit quelque part que la délectation est comme un poids qui entraîne l'âme de son côté : « La jouissance est comme le poids de l'âme ». Il dit : ce poids qui entraîne l'âme, c'est ce que chacun aime : « Mon poids, c'est mon amour ». Il l'explique plus clairement dans un autre texte. Nous devons nous efforcer, dit-il, « avec l'aide de Dieu, et de Notre Seigneur, de nous régler de telle sorte que les délectations inférieures ne nous blessent pas, et que les supérieures seules nous réjouissent ». C'est ainsi qu'il parle de la délectation délibérée et librement acceptée : il dit de même ailleurs : « Que veut dire être tiré par la volonté ? Mets tes délices dans le Seigneur, et il t'accordera les délices de ton cœur ». Et ailleurs : « Voyez comment le Père tire et charme en enseignant sans imposer aucune nécessité ». Ailleurs encore : « Si tu éprouves du plaisir à jouir, il te faut réfréner la délectation illicite ; ainsi, lorsque nous jeûnons, la vue de la nourriture réveille l'instinct de notre plaisir : c'est le fruit de la délectation (indélibérée) mais nous la maîtrisons et la dominons par la raison ». Ainsi, d'après saint Augustin, la délectation qui pousse aux choses défendues peut fort bien être maîtrisée librement par la force de la raison et avec l'aide de la grâce. Le saint nous exhorte donc ainsi : « Que la vertu nous réjouisse au point de l'emporter même sur les plaisirs permis ! ». Ce que le saint Docteur ajoute, à propos du texte controversé, le montre encore plus clairement. Il commence par dire : « Nous agissons nécessairement selon ce qui nous plaît le plus ». Et il ajoute : « Il est bien évident que nous vivons selon ce que nous avons cherché ; mais nous chercherons ce que nous aurons aimé. Si donc il existe deux objets contraires, le commandement de la vertu et l'habitude charnelle, et que nous aimons l'un et l'autre, nous chercherons ce que nous aurons aimé le plus ». Quand le saint dit : « Nous agissons nécessairement selon ce qui nous plaît le plus », il veut dire seulement que la volonté doit agir suivant ce qu'elle aime le plus. On ne peut pas objecter avec Jansénius : « ce qui plaît le plus est ce que l'on aime le plus », parce que ce n'est pas toujours vrai. Saint Augustin lui-même affirme le contraire dans ses Confessions : « Je ne faisais pas ce qui, par un attrait incomparable, me charmait beaucoup plus, ce que bientôt, dès que je voudrais, je pourrais faire ». Il nous apprend par là qu'il était poussé par Dieu vers le bien par une affection indélibérée incomparable : la vertu lui plaisait plus que le vice et il aurait pu pratiquer la vertu s'il l'avait voulu. Mais il résistait à la grâce ; il repoussait la vertu et s'abandonnait au vice.

De plus, si saint Augustin avait cru que chacun est contraint d'agir selon la délectation la plus forte, il n'aurait pas pu dire : « Si la délectation illicite de la concupiscence te tente, lutte, résiste, ne consens pas et ne te laisse pas entraîner par tes passions » (cf. Si 18, 30). Il dit ailleurs : voilà deux personnes qui ont la même tentation d'impureté. Il arrive quelquefois que l'une consente et que l'autre résiste. Pourquoi ? C'est que, répond-il, l'une veut la chasteté et l'autre ne la veut pas : « Si c'est la même tentation que les deux éprouvent et que l'un cède et consente, l'autre restant fidèle à lui-même, que conclure, sinon que l'un n'a pas voulu et que l'autre a voulu renoncer à la chasteté ». En outre, lorsque le saint dit que nous agissons nécessairement selon ce qui nous plaît le plus, on peut se demander s'il entend parler de la délectation délibérée ou indélibérée. Or, si le saint voulait parler de la délectation indélibérée, il en viendrait à nier que, pour être vraiment libre, la volonté doit nécessairement être exempte non seulement de la violence mais aussi de la nécessité. Mais le saint enseigne précisément le contraire en mille endroits : dans le bien comme dans le mal, on agit toujours en dehors de toute contrainte. Lorsqu'il parle de la délectation prédominante victorieuse, on doit nécessairement l'entendre de la délectation délibérée et conséquente. On pourrait citer ici mille textes : « Notre volonté ne serait plus une volonté, si elle n'était pas en notre pouvoir... car ce qui n'est pas libre pour nous, c'est ce qui n'est pas en notre pouvoir ». Ailleurs il fait allusion à l'Évangile selon saint Matthieu, chapitre 7, où l'on parle des bons fruits qui poussent sur le bon arbre et des mauvais fruits qui poussent sur le mauvais arbre : « Voici le Seigneur qui déclare : ou bien faites ceci, ou bien faites cela. Il montre que le « que faire » est au pouvoir de l'homme... Celui qui ne veut pas observer la loi, il est en son pouvoir de le faire, s'il veut ». Calvin objecte : Saint Augustin parlait ici de l'homme dans l'état d'innocence, mais Bellarmin lui réplique avec raison : le saint traitait du passage où le Seigneur s'en prenait aux Juifs ; il leur disait : « Vous les reconnaîtrez à leurs fruits ». On ne peut donc pas dire que saint Augustin voulait parler ici d'Adam. D'ailleurs, ce que le saint écrivait contre les Manichéens, il l'écrit aussi contre les Pélagiens : « Ainsi donc, lorsqu'il est dit : « ne veuille pas ceci, ne veuille pas cela », et lorsque la coopération de la volonté est réclamée dans les avertissements divins pour faire ou ne pas faire quelque chose, l'existence du libre arbitre est suffisamment démontrée ».

Jansénius, grand partisan de Calvin, rétorque : Saint Augustin parle de la nécessité provenant de la violence et non pas de la simple nécessité. Mais Jansénius se trompe une fois de plus, parce que le saint était d'accord à ce sujet avec les Pélagiens, et il leur concédait que le libre arbitre était ainsi exempt de la contrainte ainsi que de la simple nécessité. Il n'hésite donc pas à dire contre Julien : « Nous disons, tout comme vous, que les hommes ont le libre arbitre. Vous dites, vous, que quelqu'un est libre de faire le bien sans l'aide de Dieu... et c'est pourquoi vous êtes Pélagiens ». Lorsque saint Augustin écrit : « Nous disons, tout comme vous... », il admettait la même liberté d'agir ou de ne pas agir que les Pélagiens. Or, ceux-ci voulaient certainement que cette liberté soit exempte de toute nécessité. Il est hors de doute que le saint tenait le libre arbitre comme exempt non seulement de la violence mais aussi de toute nécessité ; il s'opposait aux Pélagiens uniquement parce que ceux-ci soutenaient que le libre arbitre a la possibilité de faire le bien, même sans la grâce.

Parlant de la liberté de la volonté et de l'efficacité de la grâce, saint Augustin dit qu'il est difficile de concilier l'une avec l'autre : « Mais cette question, où l'on traite de la liberté de la volonté et de la grâce de Dieu, offre tant de difficultés de discernement que, lorsqu'on défend la volonté libre, on donne l'impression de nier la grâce de Dieu, et, qu'au contraire, lorsqu'on affirme la grâce de Dieu on peut croire que la volonté libre est supprimée ». Si saint Augustin avait supposé que la volonté n'est pas exempte de la simple nécessité mais uniquement de la violence, il n'aurait pas été difficile, il aurait même été très facile, de comprendre comment agit la grâce. Puisqu'il disait que c'était difficile à comprendre, c'est qu'il croyait que la grâce efficace obtient certainement son effet dans les actes bons. La volonté, les accomplissant librement, agit en dehors de toute nécessité qui la déterminerait à ne faire et à ne vouloir que les actes auxquels pousse la grâce. Du reste, le saint Docteur considérait comme certain que l'on peut observer les commandements avec la grâce ordinaire ou tout au moins demander pour cela une aide plus forte. Sinon, disait-il, Dieu ne nous aurait pas imposé ces commandements : « En effet, Dieu ne nous ordonnerait pas de le faire s'il pensait que cela nous est impossible ».

Citons d'autres textes où saint Augustin exprime la même opinion, à savoir que la volonté humaine est exempte de toute nécessité : « En effet, ce qui ne serait pas fait volontairement ne serait pas un péché ; si l'on n'avait pas une volonté libre c'est-à-dire si l'on n'agissait bien ou mal que par nécessité, toute peine infligée serait injuste ». Il ajoute ailleurs : « Comment ne serait-il pas stupide d'imposer des commandements à quelqu'un qui ne serait pas libre de faire ce qui est prescrit ? Ne serait-il pas injuste de condamner quelqu'un qui n'a pas la possibilité d'exécuter les ordres donnés ? » Ailleurs encore : « On ne peut nullement tenir pour coupable l'acte de la volonté se détournant d'un bien immuable, si c'est la nature ou la nécessité qui la détermine ». Après avoir dit que la grâce prévenante est nécessaire pour faire le bien, il ajoute : « Il dépend de la volonté de chacun de répondre à l'appel de Dieu ou d'y résister ». Il enseigne donc clairement que la volonté peut librement obéir à la grâce ou y résister. Que l'on ne prétende pas avec Jansénius : Saint Augustin a simplement voulu dire que le consentement et le refus relèvent proprement de la volonté. On ne pourra jamais croire que le saint Docteur s'est fatigué pour rien à prouver que le consentement et le refus sont l'affaire de la volonté et non de l'intelligence. Même les rustres savent faire la distinction. Le saint venait précisément de dire : « Personne n'est maître des pensées qui lui viennent à l'esprit » et il ajoute : « Il dépend de la volonté de chacun de répondre à l'appel de Dieu ou d'y résister ». Il parle donc sans aucun doute de la liberté qu'a la volonté de repousser ou d'accepter ce qui vient à l'esprit. Il dit ailleurs : « Personne, en effet, sauf Dieu ne peut faire un arbre (dans le sens des arbres bons qui donnent de bons fruits et des arbres mauvais qui donnent de mauvais fruits ». Mais chacun a dans sa volonté soit de choisir ce qui est bon et d'être un arbre bon, soit de choisir ce qui est mauvais et d'être un mauvais arbre... Ainsi donc quand le Seigneur ordonne : Voici donc le Seigneur qui déclare : « Ou bien faites ceci, ou bien faites cela. Il montre que le « que faire » est au pouvoir de l'homme ».

Dans un autre passage, il explique la signification du secours « sine quo » c'est-à-dire « sans lequel la volonté ne peut vouloir ; le libre arbitre garde cependant la faculté de vouloir ou de refuser, d'utiliser ou de ne pas utiliser ». On voit très clairement combien saint Augustin est loin de penser comme Jansénius : pour celui-ci, en effet, dans ses choix, la volonté humaine n'est pas exempte de la nécessité, bien plus elle est contrainte à suivre la délectation supérieure dont l'impulsion l'entraîne et la détermine invinciblement.

Le Seigneur donne à chacun la grâce prochaine ou la grâce éloignée de la prière pour observer ses commandements ; sinon, la transgression ne pourrait pas lui en être imputée à péché. Pour achever de le prouver, il suffit d'examiner quelles sont les propositions contraires aux Propositions de Jansénius. La première de celles-ci disait : « Certains commandements de Dieu sont impossibles à observer par des justes, dans l'état de leurs forces actuelles, quand bien même ils le veulent et s'y efforcent ; il leur manque également la grâce qui les leur rendrait possibles ». Et voici la Proposition Catholique contradictoire : aucun des commandements de Dieu n'est impossible, tout au moins aux justes qui veulent les observer et qui s'y efforcent ; même selon leurs forces présentes, la grâce ne leur fait pas défaut : grâce prochaine ou tout au moins éloignée. Ils peuvent ainsi, au moins médiatement, demander le secours plus puissant pour les observer. Notons de nouveau que, pour éviter l'erreur condamnée, il ne suffit pas d'admettre la possibilité absolue d'observer les commandements parce que les Jansénistes eux-mêmes l'admettent. Il faut, reconnaître aussi la possibilité même relative, face à une délectation charnelle concrète plus forte que la grâce, d'observer un commandement ou tout au moins de demander la grâce nécessaire. C'est en cela précisément que consiste l'erreur de Jansénius : il nie, non pas la possibilité absolue, mais la possibilité relative.

La troisième proposition de Jansénius disait : « Dans l'état de nature déchue, pour mériter et démériter, l'absence de nécessité n'est pas requise ; il suffit de l'absence de contrainte ». Et voici la Proposition Catholique contradictoire : Pour mériter et démériter, même dans l'état de nature déchue, est requise, pour les justes comme pour les pécheurs, non seulement l'absence de contrainte mais aussi de la simple nécessité. Car, d'après la doctrine catholique, si la volonté agit par nécessité, elle n'a pas une liberté suffisante pour mériter ou démériter ici-bas. Il faut que la volonté soit exempte de toute nécessité pouvant l'amener à consentir de façon déterminée à l'une des deux choses proposées.

Enfin, le Père Fortunat de Brescia, auteur communément estimé des savants modernes et spécialement de Muratori, fait dans son livre récent « Réfutation du Système de Cornélius Jansénius » la réflexion suivante : « Si le Système de Jansénius était vrai, la loi de Dieu serait inutile ou injuste ». En effet, selon ce Système, quand la délectation céleste est la plus forte, la volonté, même en dehors de la loi, est nécessitée à suivre de façon déterminée l'impulsion de la délectation, et la loi ne servirait ainsi à rien.

Si c'est la délectation terrestre qui est la plus forte, la loi serait injuste : en effet, Dieu nous imposerait un commandement physiquement impossible à observer parce qu'alors la volonté doit nécessairement consentir à la tentation. Toutes les menaces et admonitions des Saintes Écritures seraient donc inutiles. Aucun acte humain ne mériterait de récompense ou de châtiment, parce que l'on ferait tout par nécessité. Si quelqu'un nous exhortait à bien vivre, nous pourrions lui répondre, comme Eusèbe aux fatalistes : « Docteur, ce n'est pas en mon pouvoir ! Je le ferai si les oracles le veulent, c'est-à-dire si la délectation charnelle n'est pas la plus forte ; il arrivera nécessairement ce qui est fixé par le destin ». Je dois suivre nécessairement la délectation la plus forte. Il dit également : Si l'on admettait ce Système, il faudrait admettre aussi le Manichéisme. Celui-ci enseignait l'existence de deux Principes, un bon et un mauvais. Toutes les actions de l'homme proviennent de l'un ou de l'autre, et l'on doit nécessairement suivre le plus puissant. Il ne sert à rien de dire : dans le système de la délectation victorieuse, cette nécessité ne découle pas du Principe bon ou mauvais comme le voulait les Manichéens, mais elle dépend du péché d'Adam, qui en est la cause. Il ne s'agit point ici de savoir quel est le Principe qui pousse et fait agir nécessairement la volonté mais de déterminer si, oui ou non, après le péché d'Adam, la volonté est restée exempte de la nécessité d'agir. Les Jansénistes le nient. Ils soutiennent que la volonté mérite et démérite, même si elle est nécessitée à vouloir ce à quoi la détermine la délectation supérieure. Mais, comme le note fort bien le Père de Brescia, les livres d'Arnauld, d'Irénée, de Vendroc et d'autres Jansénistes, ont été condamnés parce que l'on y défendait le principe de Jansénius des deux délectations invincibles selon la supériorité des degrés. Nous savons aussi que c'est pour la même raison qu'a été interdite la théologie de Juénin. Celui-ci n'a pas soutenu expressément ce Système mais il a parlé imprudemment de ce problème et d'une façon fort obscure : « La nature physique de la grâce efficace, dit-il, ne repose que sur la délectation victorieuse qui influe sur l'esprit par rapport au bien ». Il n'a pas parlé de délectation relativement victorieuse mais il appuie sa Proposition sur la doctrine de saint Augustin que nous avons mentionnée plusieurs fois : « Nous agissons nécessairement selon ce qui nous plaît le plus ». C'est pour cette raison que son ouvrage a été si longtemps interdit. Il a été autorisé dernièrement parce qu'on y a ajouté un résumé intitulé « La vraie doctrine de l'Église », extrait de la Théologie du savant Tournely qui a réfuté d'une manière complète et excellente le Système de Jansénius. Le Père de Brescia conclut : « Il reste que le Système de Jansénius est nettement en leur faveur (Luther, Calvin, Jansénius). Un catholique ne peut donc le soutenir sans blesser la foi. En effet, on ne peut soutenir ce Système tout en gardant la foi et en sauvant la religion : admettre ses principes de base, c'est approuver des Propositions condamnées ». Tournely dit de même : « L'Église ayant condamné les cinq Propositions telles que les entendait Jansénius, il faut que soient condamnées aussi, dans le Système de Jansénius, celles de la délectation supérieure et relativement victorieuse, fondement de tout le Système ».

On objecte aussi : autre est le Système de Jansénius qui suppose la délectation victorieuse indélibérée, c'est-à-dire qui vient en nous sans aucun consentement de la volonté, et autre est le Système de la délectation aussi relativement victorieuse par la supériorité des degrés, mais délibérée. Celle-ci ne triomphe pas toute seule et par ses propres forces, comme disent les partisans de ce Système, mais avec l'aide des forces de la volonté consentante. Bien que la délectation prépondérante triomphe certainement et infailliblement, elle ne l'emporte pourtant pas nécessairement, comme le voulait Jansénius. Tournely répond fort justement : Cette grâce ou délectation, infailliblement efficace et déterminant invinciblement la volonté par la supériorité de ses forces, ne peut pas ne pas être nécessitante et ne pas entraîner le consentement de la volonté. Et il le prouve ainsi : « La grâce ayant à faire à une volonté privée du pouvoir de résister est nécessitante. Or, telle est bien la grâce infailliblement efficace de par la différence de degré des forces en présence. En effet, cette grâce suppose que la volonté n'a, pour résister, que des forces inférieures. Mais il répugne que les forces supérieures agissant comme supérieures puissent être vaincues par les inférieures ; sinon, les forces inférieures agiraient au-dessus de leur degré de capacité ». On ne peut objecter que les forces de la grâce relativement victorieuse sont supérieures en soi à la concupiscence mais pas aux forces de la concupiscence unies à celles de la volonté. Car, continue Tournely, on ne pourrait concéder de telles forces à la volonté qu'à l'égard du mal que l'on peut faire, en triomphant au moins d'un vice par un autre. Ce pourrait être aussi tout au plus le cas à l'égard d'un bien naturel mais non d'un bien surnaturel, ou pour vaincre une forte tentation, ce qui ne peut se faire sans la grâce de Dieu. Aussi les Pères de Diospolis ont-ils exigé des Pélagiens que chacun confessât, entre autres articles : « Quand nous luttons contre les tentations et concupiscences illicites, la victoire vient non pas de notre volonté mais du secours de Dieu ». Saint Thomas nous en donne la raison : aucun principe actif ne peut produire un effet dépassant sa capacité ; un principe naturel ou une cause naturelle ne peuvent pas produire un effet surnaturel : « Aucun acte ne dépasse la mesure du principe qui le produit. Aussi dans la nature ne voyons-nous jamais un être qui puisse par sa propre opération engendrer un effet supérieur à sa puissance d'action ; il n'aboutit jamais dans ses opérations qu'à un résultat proportionné à son pouvoir ». Ainsi donc, les forces naturelles de la volonté humaine, bien qu'unies aux forces de la grâce, inférieures à celles de la concupiscence, ne peuvent arriver à produire un effet surnaturel, comme de vaincre une violente concupiscence plus forte que la grâce. Et les Jansénistes disent, en effet : que l'on nous concède que la délectation l'emporte très certainement en raison de ses forces supérieures, et cela nous suffit. Voici comment s'exprime l'un d'eux, l'Abbé de Bourzeis : « Il nous suffit que l'on nous concède cette seule vérité : chaque fois que nous répondons à la grâce de Dieu, c'est que l'amour bon inspiré par Dieu est plus fort que l'amour mauvais : parce qu'il lui est supérieur en force, il l'emporte très certainement ».

C'est pourquoi Tournely, après avoir parlé des deux Systèmes, celui de la délectation absolument victorieuse et celui de la délectation relativement victorieuse, conclut ainsi : « Nous reconnaissons comme théologiens orthodoxes ceux qui déduisent la force efficace de la grâce à partir de la délectation absolument ou simplement victorieuse, ainsi que ceux qui reconnaissent dans la grâce suffisante des forces capables de triompher de la passion concrète opposée. Mais dans les partisans de la grâce relativement victorieuse par suite de la supériorité des degrés et en ceux qui ne reconnaissent comme grâce suffisante que celle qui est moins puissante que la concupiscence opposée, nous ne voyons que des défenseurs du Système de Jansénius ».

Disons pour conclure que nous n'avons pas l'intention de réfuter l'opinion suivante : la volonté, alors même qu'elle suit la délectation supérieure, agirait pourtant toujours librement c'est-à-dire sans nécessité et avec un pouvoir réel, et non pas simplement hypothétique, de faire le contraire ! Nous voulons seulement rejeter l'opinion de ceux qui prétendent que, quand l'une des délectations, la céleste ou la charnelle, surpasse l'autre en degré et est victorieuse, il ne nous reste plus aucune possibilité de résister et de vaincre pour la raison qu'une force plus grande l'emporte toujours sur une plus petite !

Je ne peux cependant manquer d'exprimer mes doutes sur ce Système de la délectation relativement victorieuse. Ses défenseurs, parmi lesquels figure le Père Berti, soutiennent que l'efficacité de la grâce, telle qu'ils la comprennent, ne diffère point, en substance, de l'efficacité enseignée par les thomistes, bien que relevant de principes différents puisque les thomistes font consister l'efficacité de la grâce dans la prédétermination physique, et eux dans la délectation prépondérante. Ce que fait, disent-ils, la prédétermination dans l'acte second en amenant le libre arbitre à consentir, la délectation le fait aussi. Du reste, les deux opinions enseignent que l'homme garde, dans l'acte premier, le pouvoir d'agir en sens opposé ; la volonté agit donc toujours librement et sans nécessité.

Mais, à mon avis, les principes de ces deux opinions étant différents ainsi que leurs arguments, les conséquences en sont aussi différentes. D'après les thomistes, la raison de l'efficacité, c'est que la volonté créée est une puissance passive ; or, le propre de la puissance est de recevoir la motion ou impulsion de la grâce. Pour passer à l'acte, il faut donc qu'elle soit mue par Dieu comme premier agent et première cause libre. C'est lui qui applique et détermine par la prédétermination le passage du pouvoir à l'acte. Quant au pouvoir lui-même, les thomistes pensent que l'homme a à sa disposition la grâce préparée et immédiatement disponible pour qu'il puisse faire le bien. Le Père Gonet s'exprime ainsi : « La grâce qui donne tout ce qui est requis pour l'acte premier donne le complément ainsi que toute la puissance et la capacité suffisante ». Et le Cardinal Gotti : « La grâce suffisante donne à la puissance le pouvoir prochain et tout préparé ». Ainsi pensent communément tous les autres thomistes. Et si l'un d'entre eux semble parler différemment, c'est qu'il parle de l'acte second et non de l'acte premier. Par ailleurs, voici les raisons données par les partisans de la délectation supérieure en degrés : dans l'état de nature innocente, disent-ils, l'homme n'avait besoin, pour faire le bien, que de la grâce suffisante ; son libre arbitre était sain et dans un parfait équilibre ; il pouvait agir avec la seule grâce suffisante, sans avoir besoin de la grâce efficace. Mais, après la chute d'Adam, la volonté de l'homme est demeurée blessée et inclinée au mal ; elle a besoin de la grâce efficace qui lui permette, par le moyen de la délectation victorieuse, de faire concrètement le bien. Étant donné la raison sur laquelle s'appuie le Système, je me dis : la volonté de l'homme est donc restée tellement infirme que, pour faire actuellement le bien, elle a besoin de la grâce efficace. On ne peut pas dire dans ces conditions que l'homme ait encore la grâce suffisante, même dans l'acte premier. On ne peut pas dire non plus qu'il ait à sa disposition le pouvoir complet pour observer les commandements globalement ou en détail ni pour faire un acte bon, même médiat, en vue de recevoir ensuite le secours plus grand qui lui permettra de respecter la loi.

Je sais bien que les partisans de cette opinion ne refusent pas de le concéder. Ils disent que, dans l'état actuel, la grâce suffisante ne donne pas le pouvoir complet et immédiatement disponible. L'un de ces partisans, le Père Macedo, dit : « La grâce suffisante ne donne pas le pouvoir vraiment complet et disponible ». Ailleurs, parlant de la grâce d'Adam, il écrit :

« La première grâce supposait une puissance complète et disponible, la seconde une puissance handicapée et dépendante ».

Mais, si la grâce inférieure à la concupiscence ne donne pas le pouvoir complet et disponible d'observer les commandements, on ne peut plus l'appeler réellement suffisante. En effet, le Père Berti qui défend ce Système de la délectation relativement victorieuse concède aussi volontiers que l'on doive appeler cette grâce inférieure une grâce inefficace et non pas une grâce suffisante. Ainsi, selon ce Système, ceux qui ne reçoivent pas de Dieu la grâce efficace par le moyen de la délectation relativement victorieuse n'ont pas même la grâce suffisante pour observer les commandements. Voici comment le Père Berti défend son opinion. Il expose d'abord les trois objections que lui font ses adversaires : « Il y a trois choses qui sentent le dogme janséniste et qui sont la source et l'origine des cinq propositions condamnées dont de nouveaux Jansénistes n'ont pas du tout horreur. On distingue parmi eux deux auteurs qui sont sans aucun doute de faux Augustiniens, (le Père Bellelli et le Père Berti, contre lesquels a écrit l'Archevêque de Vienne). La première, c'est qu'ils mettent la grâce efficiente non seulement dans la délectation victorieuse mais dans une délectation relativement victorieuse... etc. La seconde, c'est qu'ils refusent à la délectation de degré inférieur le pouvoir prochainement disponible ; ils exigent pour cela, du côté du pouvoir et de l'acte premier, une délectation plus forte ; la grâce inefficace (soit le secours « sine quo », en français, indispensable, qu'ils rejettent) n'est pas une vraie grâce suffisante ni dans le sens moliniste ni dans le sens thomiste, puisque la grâce suffisante, selon l'ensemble des catholiques, donne le pouvoir prochainement disponible. La troisième qui en découle, c'est qu'ils suppriment la vraie grâce suffisante dont le nom leur fait horreur à tort ; ils l'appellent plutôt inefficace que suffisante ». Voilà donc ce que lui objectent ses adversaires et voici comment il leur répond : « Je proclame très fermement et sans aucune hésitation : les trois points de doctrine qui viennent d'être rappelés ne sont nullement erronés ni les principes des propositions condamnées. Mais certains, poussés par leur zèle à réfuter Jansénius et emportés par leur préjugé à l'égard de leur propre opinion, n'ont pas su du tout distinguer ce qui est catholique de ce qui est erroné et condamné. Un demi-savant anonyme (à savoir l'Archevêque de Vienne), ainsi que certains autres, gens de peu de science et d'esprit borné, ont trouvé moyen, dans leurs élucubrations, d'accuser d'hérésie monstrueuse des opinions pourtant inattaquables d'Augustin, qui sont d'ailleurs, qu'ils le veuillent ou non, les mêmes que les nôtres ».

J'avoue que je suis justement moi-même l'un de ces hommes de peu de science et d'esprit borné. Je ne vois pas comment les propositions du Père Berti s'accordent entre elles, et leurs conséquences semblent carrément se contredire. S'il disait : pour observer les commandements de Dieu, on a besoin de la grâce efficace, mais la grâce suffisante accordée à tous donne le pouvoir prochain de prier, et, avec la prière, on obtient ensuite le secours supérieur et nécessaire pour pratiquer effectivement les commandements, alors nous serions d'accord, car c'est justement là notre opinion. Nous l'exposerons et prouverons dans le prochain chapitre. Mais le Père Berti pense autrement. Quand il parle de la prière, il dit bien que chaque fidèle, avec la grâce suffisante, peut prier s'il n'y met pas obstacle. En priant, il peut obtenir le secours immédiat pour observer les commandements : « Chaque fidèle, dit-il, à moins qu'il n'y mette obstacle, a la grâce de prier. Il peut ainsi demander le secours immédiat suffisant pour observer les commandements ». Il ajoute ailleurs : Bien que cette grâce suffisante, commune à tous les fidèles, ne soit que lointainement suffisante pour l'observation des commandements, elle est cependant prochainement suffisante pour la prière, grâce à laquelle on obtient ensuite la grâce efficace. Il écrit : « Celui qui a une volonté faible volonté que donne à tous la grâce suffisante — a la grâce prochainement suffisante pour prier et lointainement suffisante pour observer les commandements. Il pourra les observer prochainement, lorsqu'il aura obtenu par la prière une volonté forte », qui sera le fruit de la grâce efficace. Il dit donc judicieusement : on ne peut pas dire que la grâce suffisante donne à tous le pouvoir effectif d'observer les commandements. En effet, comme il le dit dans le passage cité un peu plus haut, le pouvoir prochain est celui qui n'a pas besoin d'un autre secours pour passer à l'acte. Il écrit : « Seule la grâce efficace donne le pouvoir complet et disponible ». Il ajoute : Pour que la grâce suffisante puisse être dite prochainement suffisante pour un acte concret, « il est requis qu'elle n'ait pas besoin d'un autre secours pour passer à l'acte ». Ainsi, d'après le raisonnement du Père Berti, la grâce suffisante ne donne pas à tous les fidèles le pouvoir prochain d'observer les commandements, mais elle donne bien à tous le pouvoir prochainement suffisant pour prier. Donc, tous les fidèles, avec la seule grâce suffisante, peuvent prier actuellement, sans avoir besoin d'un autre secours, c'est-à-dire de la grâce efficace.

Mais je ne sais pas comment ces textes s'accordent avec ce que dit ailleurs le Père Berti : « Personne, sans avoir la grâce efficace en soi, n'a le pouvoir de prier effectivement ». Donc, selon cette dernière proposition, la grâce suffisante ne donne que de nom, mais pas vraiment de fait, le pouvoir prochainement suffisant de prier. Elle ne donne que le pouvoir médiatement suffisant puisqu'il faut encore la grâce efficace pour que le pouvoir de prier passe à l'acte. Donc, pour prier actuellement, il faut la grâce efficace et l'on ne peut pas dire que la grâce suffisante donne le pouvoir prochainement suffisant pour prier effectivement, et alors on n'a pas besoin de la grâce efficace de la délectation prépondérante, comme il le prétend. Mais, dit le Père Berti, même saint Augustin requiert la délectation victorieuse pour prier actuellement et effectivement : « Augustin enseigne que sont nécessaires pour prier une science certaine et une délectation victorieuse ». J'ai voulu examiner le texte du saint Docteur : « Essayons de comprendre, dit-il, si nous le pouvons, comment le Seigneur Dieu qui est bon refuse même à ses fidèles, soit la science certaine, soit la délectation victorieuse de quelque bonne œuvre, afin de leur faire saisir que ce n'est pas d'eux-mêmes, mais de lui que vient la lumière capable d'éclairer leurs ténèbres, ainsi que la douceur qui permet à leur terre de donner son fruit ». Saint Augustin ne dit pas que la délectation victorieuse est nécessaire pour prier, mais seulement que Dieu s'abstient quelquefois de donner, même à ses fidèles, soit la connaissance soit la délectation victorieuse de quelque bonne œuvre, afin qu'ils sachent bien que c'est de lui et non d'eux-mêmes qu'ils ont la lumière qui les éclaire et la douceur qui leur fait porter du fruit.

Le saint ne parle donc pas ici de la grâce suffisante par laquelle l'homme a la possibilité d'agir, mais n'agit pas toujours. Il ne dit pas non plus qu'avec la seule grâce suffisante et sans la grâce efficace, l'homme ne peut pas prier actuellement et effectivement. Il ne parle que de la seule grâce efficace, qui, par la délectation victorieuse, le fait infailliblement bien agir. Ensuite il ne parle pas ici de la prière, mais des bonnes œuvres, c'est-à-dire proprement de la pratique des commandements ou des conseils : bien que la prière soit une bonne œuvre, elle n'est pas en soi une œuvre, mais le moyen d'obtenir le secours nécessaire pour accomplir les bonnes œuvres.

Nous pensons, nous aussi, comme nous l'avons dit plus haut, que la grâce efficace est nécessaire pour observer les commandements. Mais nous disons : pour prier actuellement et effectivement et obtenir par la prière la grâce efficace, il suffit de la grâce suffisante que Dieu accorde à tous les fidèles. On maintient ainsi que les commandements de Dieu ne sont impossibles à personne. Chacun, avec la seule grâce suffisante, peut faire les choses faciles comme prier, et par la prière demander le secours de la grâce efficace gratuite et qui lui est nécessaire pour accomplir actuellement et effectivement les choses difficiles, telles que la pratique des commandements. C'est bien dans ce sens que parle le Cardinal de Noris, dont nous citerons les textes dans le chapitre suivant, c'est aussi ce qu'avant lui saint Augustin a enseigné : « D'où cette croyance très solide que le Dieu juste et bon n'a pas pu nous prescrire des choses impossibles. Par là on nous rappelle et ce que nous avons à faire dans les choses faciles et ce que nous avons à demander dans les choses difficiles ». Si la grâce suffisante ne suffisait pas pour prier actuellement et effectivement et s'il fallait toujours la grâce efficace, si cette grâce efficace était refusée à quelqu'un, comme elle est, de fait, refusée à beaucoup, je ne vois pas comment on pourrait affirmer à quelqu'un que les commandements lui sont possibles, ni comment Dieu alors qu'il refuserait même la grâce efficace de prier actuellement et concrètement — pourrait exiger l'observation de sa loi, ni comment, en justice, il pourrait condamner à l'Enfer. Cette façon de voir faisait précisément dire à Jansénius que certains commandements sont impossibles, même aux justes, parce qu'il soutenait par erreur que certains sont privés de la grâce qui leur en rendrait possible l'observation. Mais non ! Dieu donne à tous — nous faisons ici abstraction des infidèles et des pécheurs obstinés — la grâce prochaine de prier actuellement et effectivement, comme nous le prouverons dans le prochain chapitre. Personne ne peut prétexter qu'il ne peut pas observer les commandements. Bien qu'il n'ait pas disposé de la grâce efficace pour les observer concrètement, il a eu néanmoins la grâce prochaine suffisante pour prier actuellement et effectivement. S'il avait prié, il aurait obtenu de Dieu, qui a promis d'exaucer ceux qui prient, la grâce efficace qui lui aurait certainement permis de pratiquer les commandements. C'est bien ce qu'a déclaré le Concile de Trente contre Luther qui affirmait qu'il est impossible, même aux fidèles, d'observer la loi de Dieu : « Dieu ne commande pas des choses impossibles, mais, lorsqu'il commande, il t'engage à faire ce que tu peux et à demander ce que tu ne peux pas et il t'aide à pouvoir ».

CHAPITRE IV. DIEU DONNE À TOUS LA GRÂCE DE PRIER, S'ILS LE VEULENT. IL NE FAUT POUR PRIER QUE LA GRÂCE SUFFISANTE. CELLE-CI EST DONNÉE À TOUS.

Dieu veut donc le salut de tous les hommes, et il donne effectivement à tous les grâces nécessaires pour faire leur salut. Nous en concluons que tous ont la grâce de pouvoir prier actuellement et effectivement, sans avoir besoin d'une nouvelle grâce ; ils peuvent obtenir ainsi, par la prière, tous les autres secours nécessaires pour observer les commandements et faire leur salut. Notez bien qu'en disant « sans avoir besoin d'une nouvelle grâce », nous ne voulons pas dire que la grâce commune donne la faculté de prier sans le secours de la grâce adjuvante. En effet, pour faire un acte quelconque de piété, outre la grâce excitante, on a besoin aussi, sans nul doute, de la grâce adjuvante ou coopérante ; mais nous voulons dire que la grâce commune donne à chacun de pouvoir prier actuellement et effectivement, sans qu'une nouvelle grâce prévenante soit nécessaire pour déterminer physiquement ou moralement la volonté à mettre la prière en pratique. Nous allons citer d'abord les nombreux et éminents théologiens qui tiennent pour certaine cette opinion et nous le prouverons ensuite par l'argument d'autorité et par des raisonnements. C'est l'avis d'Isambert, du Cardinal du Perron, d'Alphonse le Moyne, ainsi que d'autres que nous citerons. Honoré Tournely en parle plus longuement et expressément. Tous ces auteurs prouvent que chacun, avec la seule grâce ordinaire suffisante, peut prier actuellement et effectivement, sans avoir besoin d'un autre secours, et obtenir par la prière toutes les autres grâces pour pratiquer les commandements plus difficiles.

Tel est le sentiment de Son Éminence le Cardinal de Noris. Il démontre expressément que, lorsqu'on doit observer un commandement, la seule grâce ordinaire permet de prier, si on le veut, sans autre secours. Et il le prouve : « Il est évident que le Juste et le Fidèle doivent avoir le pouvoir prochain de prier. En effet, si le Fidèle n'a que le pouvoir éloigné de prier — je parle de la simple prière et non de la prière fervente — il n'aura pas d'autre pouvoir prochain pour obtenir la prière ; sinon, ce serait sans fin ». Pour observer les commandements et faire son salut, il est nécessaire de prier, comme nous l'avons prouvé en parlant de la nécessité de la prière. Ce savant auteur dit donc très judicieusement : chacun a le pouvoir prochain de prier et d'obtenir par la prière le pouvoir prochain de faire le bien ; tous peuvent ainsi prier avec la seule grâce ordinaire, sans avoir besoin d'un autre secours. Si, pour avoir le pouvoir prochain de prier effectivement, il fallait un autre pouvoir, il faudrait aussi une autre grâce pour obtenir le pouvoir ; le processus serait sans fin, et l'homme ne pourrait plus coopérer vraiment à son salut.

Ce même auteur confirme ailleurs plus clairement encore sa doctrine : « Même dans l'état de nature déchue, un secours « sine qua non », indispensable, nous est donné (c'est la grâce suffisante commune à tous), contrairement à ce que soutient Jansénius. Ce secours nous permet de faire des actes faibles c'est-à-dire des prières moins ferventes. Le secours « sine qua non » ou indispensable n'est qu'un secours éloigné qui permet cependant d'obtenir le secours « qua » ou la grâce efficace qui donnera la possibilité d'observer concrètement les commandements ». Le Cardinal tient donc pour certain que, dans l'état actuel, chacun a le secours « sine qua » ou indispensable, c'est-à-dire la grâce ordinaire. Celle-ci, sans autre secours, produit la prière avec laquelle on demande ensuite la grâce efficace qui permet d'observer les commandements. C'est bien dans ce sens que l'on explique l'axiome universellement admis dans les Écoles : « Dieu ne refuse pas la grâce à celui qui fait tout ce qu'il peut ». À celui qui prie et qui fait un bon usage de la grâce suffisante qui lui permet d'accomplir les choses faciles, comme de prier, Dieu ne refuse pas de donner ensuite la grâce efficace pour réaliser les choses difficiles.

Telle est aussi l'opinion de Louis Thomassin. Cet auteur commence par s'étonner de ce que certains considèrent comme suffisantes des grâces qui ne suffisent pas, de fait, pour accomplir une bonne œuvre ni pour éviter un péché quelconque : « En effet, dit-il, si ces secours sont de vrais secours et donnent le pouvoir prochain, comment se fait-il que, sur une très grande quantité de gens ainsi aidés, personne n'observe le commandement ? Comment peut-on dire ces secours vraiment suffisants s'il faut en plus la grâce efficace ? Celui à qui manque le secours nécessaire, qui ne le possède pas, celui-là n'a pas le pouvoir suffisant ». Il veut dire que pour être appelée vraiment suffisante la grâce doit donner à l'homme le pouvoir prochain et disponible d'accomplir concrètement l'acte bon. Mais, quand pour réaliser cet acte bon il faut une autre grâce, à savoir la grâce efficace et que l'on n'a pas celle-ci (au moins médiate), nécessaire au salut, comment peut-on dire que la grâce suffisante lui donne ce pouvoir prochain et immédiat ? « Dieu, dit saint Thomas, ne manque jamais de faire ce qui est nécessaire au salut ». Il est vrai que Dieu n'est pas tenu de donner ses grâces parce que les grâces ne sont pas des choses dues. Mais il nous impose des commandements. Il est donc tenu de nous donner le secours nécessaire pour les observer. Comme le Seigneur nous oblige à observer effectivement tous les commandements au moment voulu, il doit aussi nous donner le secours actuel et concret (au moins médiat et éloigné), qui nous permettra d'y être fidèles, sans qu'il faille une autre grâce non commune à tous. Et Thomassin conclut : pour concilier que la grâce suffisante suffit à l'homme pour faire son salut et que, par ailleurs, la grâce efficace est nécessaire pour observer toute la loi, il faut dire que la grâce suffisante suffit pour prier et faire des actes faciles ; avec ceux-ci on obtient ensuite la grâce efficace qui permet de réaliser les actes difficiles. C'est ce qu'enseigne sans aucun doute saint Augustin : « Du fait même que nous croyons très fermement que Dieu ne prescrit pas des choses impossibles, nous sommes prévenus de ce que nous avons à faire dans les choses faciles et de ce que nous avons à demander dans les choses difficiles ». Après avoir cité ce texte, le Cardinal de Noris tire la même conclusion : « Nous pouvons donc faire les choses faciles ou moins parfaites, sans avoir à demander une grâce plus forte, qu'il nous faut cependant demander pour les choses plus difficiles ». Le Père Thomassin invoque également l'autorité de saint Bonaventure, de Scot et d'autres théologiens : « Tous ont trouvé suffisants ces secours auxquels la volonté donne parfois son assentiment et parfois non ! ». Il le démontre dans quatre parties de son ouvrage, en s'appuyant sur les théologiens des Écoles durant de très longues années à dater de 1100, Habert, évêque de Vabres et docteur de la Sorbonne, qui fut le premier à écrire contre Jansénius, dit ceci : « Nous pensons d'abord que la grâce suffisante n'atteint pas immédiatement son but avec son effet de consentement complet, si ce n'est d'une manière contingente et médiate... Nous pensons donc que la grâce suffisante est une préparation à la grâce efficace : à partir du bon usage que l'on en fait, Dieu accorde à la volonté créée la grâce concrète d'un effet complet ». Il a dit précédemment : « Tous les Docteurs catholiques ont professé et professent dans toutes les Écoles qu'est donnée une grâce vraiment intrinsèque, qui puisse attirer le consentement de la volonté vers le bien et qui cependant ne l'attire pas à cause de la libre résistance de la volonté ».

Et il cite en faveur de cette opinion Gamache, Duval, Isambert, Pereira, Le Moyne et d'autres auteurs. Et il continue : « Les secours de la grâce suffisante sont des préparations à la grâce efficace et « efficace secundum quid », c'est-à-dire dont l'effet obtenu par le demandeur est incomplet, d'abord lointain, puis plus proche et enfin très proche, tels que les actes de foi, d'espérance, de crainte de Dieu et, entre tous, celui de la prière. D'où le fameux Alphonse Lemoine a enseigné que cette grâce suffisante est celle de demander ou de prier, dont a parlé tant de fois saint Augustin. Ainsi, selon Habert, la grâce efficace diffère de la grâce suffisante en ce sens que la première atteint son effet complet tandis que la seconde ne l'obtient que d'une manière contingente, parce qu'elle l'obtient parfois et d'autres fois non, ou de manière médiate, au moyen de la prière. Il précise, en outre, que la grâce suffisante, selon le bon usage que l'on en fait, prépare à obtenir la grâce efficace. Il appelle donc la grâce suffisante « efficace secundum quid » c'est-à-dire dont l'effet est commencé mais non complètement terminé. Il dit enfin que la grâce suffisante est la grâce de prier, dont il dépend de nous de profiter, selon saint Augustin. Ainsi on est inexcusable de ne pas faire ce pour quoi on a déjà la grâce suffisante ; avec celle-ci, sans nul besoin d'un autre secours, on peut agir, ou tout au moins obtenir le secours plus fort pour agir. Habert assure que cette doctrine était commune en Sorbonne.

Charles Duplessis d'Argentré, lui aussi docteur de la Sorbonne, cite plus de mille théologiens qui enseignent expressément qu'avec la grâce suffisante on fait les œuvres faciles et qu'en l'utilisant bien on obtient ensuite le secours plus abondant pour la conversion parfaite. C'est précisément dans ce sens, dit-il, comme nous l'avons indiqué plus haut, qu'il faut entendre le célèbre axiome accepté par les Écoles : « À ceux qui font ce qu'ils peuvent — toujours avec la grâce suffisante — Dieu ne refuse pas la grâce : sa grâce plus abondante et la grâce efficace ».

Le très savant Denis Petau prouve longuement que l'on peut fort bien agir avec la seule grâce suffisante. Il va jusqu'à affirmer qu'il serait monstrueux de soutenir le contraire et que cette doctrine n'est pas seulement celle des théologiens mais aussi celle de l'Église. La grâce d'observer les commandements, dit-il ensuite, est le fruit de la prière et Dieu donne la grâce de la prière en même temps qu'il impose les commandements : « Ce don par lequel Dieu nous aide à observer ses lois est l'effet de la prière ; et cet effet est donné comme compagnon à la loi ». La loi est imposée à tous ; de même, le don de la prière est fait à tous.

Le théologien du Séminaire de Périgueux pense qu'avec la seule grâce suffisante « il est possible de bien agir et que quelquefois on agit bien ». Ainsi, ajoute-t-il, rien n'empêche que de deux personnes, favorisées d'une même grâce, l'une va faire, et l'autre pas, les actes plus faciles qui précèdent la totale conversion ». Ceci concorde, affirme-t-il, avec la doctrine de saint Augustin ainsi qu'avec celle de saint Thomas et de ses premiers disciples spécialement du Père Barthélemy Medina : « Quelquefois, soutient celui-ci, on se convertit avec la seule grâce suffisante ». J'ai trouvé que le Père Louis de Grenade affirme aussi que c'est la doctrine commune des théologiens : « Les théologiens disent qu'il y a deux sortes de secours l'un suffisant et l'autre surabondant ; avec le secours suffisant parfois on se convertit, parfois on refuse la conversion ». Il ajoute : « Les théologiens précisent que ce premier secours est très largement à notre disposition ». Le Théologien de Périgueux affirme : « On peut ainsi, et on le fait quelquefois, avec la seule grâce suffisante, accomplir certains actes de piété, tel que prier Dieu humblement ; on se prépare ainsi à recevoir d'autres grâces ». Tel est l'ordre, dit-il, suivi par la divine Providence : « D'autres grâces succèdent au bon usage des premières ». Et il conclut : La conversion totale et la persévérance finale « sont méritées infailliblement par la prière, pour laquelle suffit pleinement la grâce suffisante qui ne fait défaut à personne ». Le Cardinal de Aguirre, parfait disciple de saint Augustin, pense de même. Le Père Antoine Boucat, de l'Ordre de saint François de Paule, soutient que chacun peut par la prière, sans avoir besoin d'un autre secours, obtenir la grâce de la conversion. Outre Gamache, Duval, Habert, Le Moyne, il cite comme partisans de cette doctrine Pierre de Tarentaise, évêque de Toul, Godefroid de Fontaines, Henri de Gand, docteurs de la Sorbonne, ainsi que Ligny, professeur royal : celui-ci démontre, dans son traité « De la grâce », que la grâce suffisante non seulement donne la possibilité de prier, comme l'a dit ailleurs le célèbre professeur de théologie, Le Moyne, « mais de faire également certaines œuvres moins difficiles ». Gaudenzio Buontempi enseigne également et prouve qu'avec la grâce suffisante on obtient la grâce efficace par la prière : celle-ci est donnée à tous ceux qui veulent l'utiliser. Le Cardinal Robert Pulleyn établit qu'il y a deux grâces, l'une toujours victorieuse et l'autre à laquelle tantôt l'on coopère et tantôt l'on résiste : « Lorsque l'on reçoit cette grâce, on choisit d'y répondre ou bien de la dédaigner et de continuer de pécher ». Le savant Père Fortunat de Brescia est du même avis : il soutient que nous avons tous la grâce médiate de la prière pour observer les commandements, et il tient pour certain que saint Augustin pensait la même chose.

Richard de Saint-Victor enseigne également qu'il existe une grâce suffisante à laquelle quelquefois l'on consent et d'autres fois l'on résiste. Dominique Soto demande pourquoi, de deux personnes que Dieu est tout prêt et aspire à convertir, l'une est attirée par la grâce et l'autre non ? « Pas d'autres raisons que celle-ci : l'une donne son consentement et coopère, l'autre ne coopère pas ».

Matthias Felisius, qui a écrit contre Calvin, définit ainsi la grâce ordinaire ou suffisante : « C'est une impulsion de Dieu ou une inspiration par laquelle on est poussé vers le bien et qui n'est refusée à personne. On se comporte différemment par rapport à cette inspiration : les uns y donnent leur consentement et sont ainsi disposés comme il faut « de congruo » à recevoir la grâce habituelle, parce que l'on croit que Dieu ne manquera pas à ceux qui font ce qu'ils peuvent ; les autres refusent ». André Vega dit pareillement : « Ces secours donnés à tous sont dits inefficaces par la plupart parce qu'ils n'obtiennent pas toujours leur effet, mais sont négligés quelquefois par les pécheurs ». Ainsi donc, les grâces suffisantes obtiennent quelquefois leur effet, et d'autres fois non.

Dans un passage de sa théologie, le Cardinal Gotti semble bien ne pas penser autrement que nous. Il se pose la question de savoir comment on peut persévérer si on le veut, alors qu'il n'est pas en notre pouvoir d'avoir le secours spécial nécessaire pour persévérer. Il répond : bien que ce secours spécial ne soit pas en notre pouvoir, « il nous est possible de le demander et de l'obtenir de Dieu par la prière. On peut donc dire qu'il est en notre pouvoir d'obtenir le secours nécessaire pour persévérer, en le demandant par la prière ». Pour pouvoir dire qu'il nous est possible de persévérer, il est nécessaire de pouvoir obtenir par la prière de persévérer effectivement, sans avoir besoin d'une autre grâce. Il est donc nécessaire également qu'avec la seule grâce suffisante commune à tous on puisse prier actuellement et effectivement sans avoir besoin d'une autre grâce spéciale, et obtenir ensuite par la prière la persévérance. Sinon, on ne peut pas dire que chacun a la grâce nécessaire pour persévérer, tout au moins la grâce éloignée ou médiate par le moyen de la prière. Si toutefois le Cardinal Gotti ne l'entend pas ainsi, il est certain que c'est bien l'opinion de saint François de Sales. Celui-ci déclare que la grâce de prier actuellement et effectivement est donnée à tous ceux qui veulent l'utiliser, et il en conclut que tous ont le pouvoir de persévérer.

Le saint l'affirme clairement dans son Traité de l'Amour de Dieu. Après avoir démontré la nécessité de prier sans cesse pour obtenir de Dieu le don de la persévérance finale, il ajoute : « Parce que la grâce de la prière est promise généreusement à tous ceux qui veulent suivre les inspirations célestes, il est donc en notre pouvoir de persévérer ». Le Cardinal Bellarmin enseigne de même : « Le secours suffisant pour parvenir au salut est donné à tous, en temps et lieu, médiatement ou immédiatement… Nous disons médiatement ou immédiatement, parce que nous croyons que tous ceux qui ont l'usage de la raison reçoivent de Dieu de saintes inspirations ; ils ont ainsi immédiatement la grâce excitante avec laquelle, s'ils veulent la suivre, ils peuvent se disposer à la justification et parvenir un jour au salut ».

Examinons maintenant les preuves de cette opinion. Elle se prouve tout d'abord par l'autorité de l'Apôtre Paul. Celui-ci nous assure que Dieu est fidèle et ne permettra jamais que nous soyons tentés au-delà de nos forces. Il nous donne toujours le secours, immédiat ou médiat par le moyen de la prière, pour résister aux attaques des ennemis : « Dieu qui est fidèle ne permettra pas que vous soyez tentés au-delà de vos forces, mais avec la tentation il ménagera aussi le moyen d'en tirer avantage, en vous donnant le pouvoir de la supporter » (1 Co 10, 13).

Jansénius prétend que ce texte doit s'entendre des seuls prédestinés, mais son interprétation n'est nullement fondée. En effet, saint Paul écrit à tous les fidèles de Corinthe qu'il ne supposait certainement pas tous prédestinés. C'est donc à juste titre que saint

Thomas l'applique généralement à tous les hommes : « Dieu, dit-il, ne serait pas considéré comme fidèle s'il nous refusait, pour autant qu'il dépend de lui, ce par quoi nous puissions parvenir à lui ». Cette opinion s'appuie aussi sur tous ces passages de la Sainte Écriture où le Seigneur nous exhorte à nous convertir et à recourir à lui pour lui demander les grâces nécessaires au salut, en nous promettant de nous exaucer : « La sagesse crie dans les rues : « Jusques à quand, gamins, aimerez-vous la puérilité ? Jusques à quand les sots désireront-ils ce qui leur est nuisible ? etc. Retournez-vous pour recevoir ma réprimande. Voici que je répandrai sur vous mon esprit. J'ai appelé et vous avez refusé... Moi aussi je rirai de votre malheur et me moquerai de vous » (Pr 1, 20-26). Cette exhortation « retournez-vous, convertissez-vous » serait proprement dérisoire, dit Bellarmin, si Dieu n'accordait pas aux pécheurs le secours au moins médiat de la prière pour qu'ils puissent se convertir. Dans le texte ci-dessus, il est également parlé de la grâce intérieure, « Je répandrai sur vous mon esprit », par laquelle Dieu appelle les pécheurs et leur donne le secours concret pour se convertir, s'ils le veulent : « Venez à moi, vous tous qui peinez et ployez sous le fardeau et moi je vous soulagerai » (Mt 11, 28). « Allons ! Discutons ! dit Yahvé. Quand vos péchés seraient comme l'écarlate, comme neige ils blanchiront » (Is 1, 18). « Demandez et l'on vous donnera » (Mt 7, 7). Et le Seigneur nous le répète en mille autres endroits déjà cités. Or, si Dieu ne donnait pas à chacun la grâce de recourir effectivement à lui et de le prier concrètement, combien vaines seraient toutes ces invitations et exhortations : « Venez tous et je vous donnerai satisfaction. Cherchez et on vous donnera ».

Ce qui le prouve en second lieu et clairement, c'est le texte du Concile de Trente. Je prie le lecteur de lire attentivement cette preuve : si je ne me trompe, elle semble évidente. Les Novateurs prétendaient : par suite du péché d'Adam, l'homme a été privé du libre arbitre ; à présent, la volonté de l'homme ne fait plus rien dans les actes bons, mais elle est poussée à les recevoir passivement de Dieu, sans les produire directement elle-même. Ils en concluaient : l'observation des commandements est impossible à ceux qui ne sont pas poussés et prédéterminés efficacement par la grâce à éviter le mal et à faire le bien. Le Concile prononça contre cette erreur l'opinion exprimée par un texte de saint Augustin : « Dieu ne commande pas des choses impossibles, mais lorsqu'il commande, il t'engage à faire ce que tu peux et à demander ce que tu ne peux pas, et il t'aide à pouvoir ».

Afin de prouver contre les hérétiques que les commandements de Dieu ne sont impossibles à personne, le Concile a déclaré : tous les hommes ont la grâce nécessaire pour faire le bien ou tout au moins la grâce de la prière par laquelle ils obtiennent à cet effet des secours plus puissants. Cela veut dire qu'avec la grâce commune à tous, chacun peut faire les choses faciles, telles que prier, sans avoir besoin d'une grâce extraordinaire, et obtenir par la prière la force de faire des choses difficiles, conformément à la doctrine de saint Augustin déjà citée : « Étant donné que nous croyons très fermement que Dieu, juste et bon, n'a pas pu prescrire des choses impossibles, nous sommes prévenus de ce que nous avons à faire pour les choses faciles et de ce que nous avons à demander pour les choses difficiles ». Ainsi, d'après le Concile, les commandements de Dieu sont possibles à tous, tout au moins par la prière qui nous permet d'obtenir ensuite le secours plus grand pour les observer. Puisque Dieu a imposé ses commandements à tous et qu'il a rendu possible à tous leur observation, tout au moins médiatement par la prière, il faut nécessairement en conclure que tous ont la grâce de prier ; sinon, ceux qui n'auraient pas cette grâce ne pourraient pas observer les commandements. De même que le Seigneur donne par la prière la grâce actuelle de faire le bien et rend ainsi possible l'observation de tous ses commandements, de même il donne aussi à tous la grâce actuelle de prier ; sinon, ceux qui n'auraient pas la grâce actuelle de prier ne pourraient pas les pratiquer puisqu'ils ne pourraient demander par la prière le secours nécessaire pour cela.

On ne peut donc pas dire que ces mots « Dieu t'engage à faire ce que tu peux et à demander ce que tu ne peux pas » doivent s'entendre du seul pouvoir de prier et non de la prière actuelle effective. En effet, répondons-nous, si la grâce commune et ordinaire ne donnait que le seul pouvoir de prier et non de la prière actuelle effective, le Concile n'aurait pas dit : « Il t'engage à faire ce que tu peux et à demander ce que tu ne peux pas ». Il aurait dit : « Il t'avertit que tu as le pouvoir de faire et le pouvoir de demander ». Si le Concile avait voulu dire « Chacun peut observer les commandements ou prier pour demander la grâce nécessaire pour cela » et s'il n'avait pas voulu parler de la grâce actuelle effective, il n'aurait pas dit : « Il t'engage à faire ce que tu peux », parce que ce mot « il t'engage » se rapporte proprement à un acte actuel, concret, effectif, et il implique non pas l'éclairage de l'esprit, mais l'impulsion donnée à la volonté pour qu'elle fasse le bien actuellement et concrètement possible. Le Concile, ayant dit : « Il t'engage à faire ce que tu peux et à demander ce tu ne peux pas », a voulu signifier très clairement non seulement le pouvoir d'agir et le pouvoir de prier, mais également l'agir actuel, concret, effectif, et la prière actuelle, concrète, effective. Si, au contraire, pour agir et pour prier effectivement, l'on avait besoin d'une grâce extraordinaire que l'on n'a pas, pourquoi le Seigneur nous engagerait-il à agir et à demander ce que l'on ne peut pas faire effectivement ni demander sans la grâce efficace ? Le Père Fortunat de Brescia fait sur ce point une sage réflexion : « Si la grâce actuelle de la prière n'avait pas été donnée à tous, mais s'il fallait, pour prier, la grâce efficace, non commune à tous, la prière serait impossible à beaucoup parce que tous n'ont pas cette grâce efficace ». On aurait donc tort de dire : « Dieu t'engage à demander ce que tu ne peux pas », parce qu'il engagerait à faire une chose pour laquelle on n'a pas le secours actuel indispensable. Cette exhortation de Dieu à agir et à prier doit donc s'entendre de l'action et de la prière effectives, sans que l'on ait besoin d'une grâce extraordinaire. C'est bien ce que saint Augustin veut nous donner à entendre : « Nous sommes prévenus de ce que nous avons à faire pour les choses faciles et de ce que nous avons à demander pour les choses difficiles ». Il soutient que si tous n'ont pas la grâce de faire les choses difficiles, tous ont au moins la grâce de prier ; la prière est une chose facile à tous, ainsi qu'il l'affirme dans le texte que le Concile lui a emprunté : « Dieu t'engage à faire ce que tu peux et à demander ce que tu ne peux pas ». Serrons un peu l'argument. Le Concile dit : Dieu n'impose pas des commandements impossibles parce qu'il donne le secours pour les observer, ou bien il donne la grâce de prier en vue d'obtenir ce secours : il l'accorde dès qu'on l'en prie ! S'il était vrai que Dieu ne donne pas à tous la grâce au moins médiate de la prière pour observer effectivement tous ses commandements, Jansénius aurait raison de dire : même le juste n'a pas la grâce pour observer concrètement certains commandements.

Si la grâce suffisante ne donnait pas à tous de pouvoir actuellement et effectivement prier et que faisait défaut la grâce efficace nécessaire, au dire des adversaires, pour réaliser toute bonne œuvre, je ne sais comment on pourrait comprendre et expliquer le texte ci-dessus du Concile de Trente. Si l'on admet la nécessité, selon eux, de cette nouvelle grâce pour prier effectivement, je ne sais pas comment interpréter cet autre texte du même Concile : « Une fois qu'ils ont été justifiés par sa grâce, Dieu ne les abandonne pas, à moins qu'il ne soit auparavant abandonné par eux ». Si pour prier effectivement la grâce suffisante ne suffisait pas, et qu'il y fallait aussi la grâce efficace qui n'est pas commune à tous je me demande ce qui arriverait. Quand le juste serait tenté de commettre le premier péché mortel, si Dieu ne lui donnait pas la grâce efficace, au moins de prier pour obtenir la grâce de résister, et si de fait il ne résistait pas à la tentation, ne devrait-on pas dire que Dieu abandonne le juste avant d'être abandonné par lui, puisque la grâce efficace nécessaire pour résister lui fait défaut ?

Les adversaires objectent un passage de saint Augustin : le saint semble déclarer que la grâce de la prière n'est pas donnée à tout le monde : « Est-ce que parfois notre prière elle-même n'est pas à ce point tiède, ou froide plus exactement et quasi nulle, et, de temps à autre, si totalement réduite à rien, que nous ne nous en apercevons pas avec chagrin ? Car si nous en souffrions, ce serait déjà faire oraison ». Le Cardinal Sfondrati y fait une judicieuse réponse : « Autre chose que les pécheurs ne prient pas et autre chose qu'ils n'aient pas la grâce de prier ! ». Saint Augustin ne dit pas que la grâce de prier comme il faut manque à certains ; il dit seulement que parfois notre prière est si froide qu'elle est presque nulle. Ce n'est pas que Dieu ne nous aide pas à prier mieux, mais c'est par notre faute que notre prière est nulle. C'est aussi ce que répond Tournely à propos de la première Proposition condamnée de Jansénius : « Les justes ne prient pas toujours comme il faut. C'est par leur faute qu'ils ne prient pas bien, alors qu'ils ont par la grâce les forces suffisantes pour prier. Saint Augustin dit que notre prière est parfois froide et presque nulle, mais il ne dit pas que nous fait défaut une grâce qui rendrait notre prière plus fervente. Sur ce passage de saint Augustin le cardinal de Noris écrit : « Par la prière tiède, on obtient tout au moins la prière plus fervente et, par celle-ci, la grâce efficace pour observer les commandements. » Je conclus que nous faisons cette prière tiède elle-même avec le secours « sine qua non », c'est-à-dire indispensable, et avec le concours ordinaire de Dieu, puisqu'il s'agit d'actes faibles et imparfaits. Nous obtenons cependant par la prière tiède l'impulsion pour une prière plus fervente, qui nous est donnée par le secours « qua ». Et il confirme par l'autorité du saint Docteur qui écrit à propos du Psaume 17 (16) : « C'est avec une intention libre, ardente et forte, que j'ai adressé mes prières. Pour que je puisse le faire, tu m'as écouté alors que je te priais plutôt faiblement ». Que l'on n'objecte pas non plus ce que dit ce même saint Augustin à propos des paroles de saint Paul : « L'Esprit intercède en notre faveur par ses gémissements ineffables » : c'est l'Esprit Saint « qui nous fait supplier et qui nous inspire l'amour de la supplication ». Ce que le saint veut dire ici contre les Pélagiens c'est que personne ne peut prier sans la grâce. Et il l'explique ainsi dans son commentaire sur le Psaume 52 : « Ce que tu fais avec le concours de Dieu, nous disons que c'est lui qui le fait parce que sans lui tu ne le ferais pas ».

En troisième lieu, nous prouvons notre opinion par ce que disent les Pères sur la question. Saint Basile : « Lorsque Dieu permet que l'homme soit assailli par la tentation, c'est pour qu'il puisse demander par la prière la grâce de Dieu pour y résister ». Le saint affirme donc : quand Dieu permet que l'homme soit tenté, il l'aide à résister en lui faisant demander que se fasse la volonté de Dieu c'est-à-dire la grâce nécessaire pour remporter la victoire. Le saint suppose donc que, lorsque l'homme n'a pas la force suffisante pour vaincre la tentation, il a au moins la grâce actuelle et commune de la prière pour obtenir la grâce plus puissante dont il a besoin. Saint Jean Chrysostome emploie un langage imagé : « Il a donné une loi qui met à nu les blessures pour nous faire désirer le médecin ». Et dans un autre endroit : « Personne ne pourra trouver d'excuse car c'est en cessant de prier qu'il a renoncé à vouloir vaincre l'ennemi ». Si quelqu'un n'avait pas la grâce nécessaire pour prier actuellement et effectivement et obtenir ainsi la force de résister, on pourrait l'excuser d'avoir été vaincu. Saint Bernard dit pareillement : « Mais qui sommes-nous et quelle est donc notre vaillance, pour ce que Dieu cherchait, c'est que, constatant notre déficience et sachant qu'il n'est pour nous point d'autre recours, nous nous précipitions en toute humilité vers sa miséricorde ». Le Seigneur nous a donc imposé une loi au-dessus de nos moyens pour qu'en recourant à lui et en le priant, nous obtenions la force de l'observer. Mais si la grâce de prier actuellement et effectivement était refusée à quelqu'un, l'observation de la loi lui deviendrait absolument impossible. « Beaucoup, dit ce même saint Bernard, se plaignent que la grâce leur fait défaut, mais à combien plus forte raison la grâce ne pourrait-elle pas se plaindre que beaucoup lui sont infidèles ! ». Le Seigneur a bien plus raison de se plaindre de nous parce que nous manquons à la grâce, par laquelle il nous assiste, que nous de nous plaindre que la grâce nous manque.

Mais aucun Père ne le dit plus clairement que saint Augustin en de nombreux textes : « Les Pélagiens pensent savoir quelque chose d'important quand ils disent : Dieu ne nous commanderait pas ce qu'il saurait nous être impossible. Qui ne le sait ? Mais il nous commande pourtant des choses impossibles pour que nous sachions ce que nous avons à lui demander... : « Ce n'est pas d'ignorer malgré toi que l'on te fait grief, mais de négliger de chercher ce que tu ignores ; ce n'est pas non plus de ne point panser tes membres blessés, mais de mépriser celui qui veut les guérir : tes propres péchés à toi, les voilà. Car il n'y a pas d'homme si dépourvu qui ne sache l'utilité de chercher ce qu'il n'y a aucune utilité à ignorer ». Ainsi donc, la grâce de prier n'est refusée à personne et on peut obtenir par la prière la grâce de se convertir. Si cette grâce manquait à quelqu'un, on ne pourrait pas lui imputer le péché de ne pas se convertir. Saint Augustin dit ailleurs : « Que voyons-nous donc ici, sinon que celui qui nous ordonne de faire ceci ou cela nous accorde de demander, de chercher, de frapper » ? Ailleurs : « Saisis-le bien une fois pour toutes et comprends-le : tu n'es pas encore tiré ? Prie pour être tiré ». Ailleurs : « Donc, son ignorance de ce qu'elle doit faire provient de la perfection qu'elle n'a pas encore obtenue ; mais elle l'obtiendra aussi si elle use bien de ce qui lui a déjà été donné. Or il lui a été donné de chercher avec zèle et piété, si elle le veut ». Notez bien ces derniers mots. Chacun a donc la grâce nécessaire pour prier : s'il l'utilise bien, il recevra la grâce de faire ce que tout d'abord il ne pouvait pas faire immédiatement. Ailleurs : « Que l'homme qui veut et qui ne peut pas reconnaisse donc qu'il ne veut pas encore pleinement et qu'il prie afin d'avoir une volonté assez grande pour accomplir les commandements. Car c'est ainsi qu'il est aidé pour faire ce qui lui est ordonné ». Ailleurs : « Par ce précepte, le libre arbitre (a été engagé) à demander le don de Dieu. Cet avertissement, d'ailleurs, resterait sans fruit si le libre arbitre ne recevait d'abord un certain amour, afin qu'il en demande lui-même davantage pour accomplir ce qui est ordonné ». Notez ces mots « un certain amour » : c'est la grâce suffisante par laquelle l'homme peut ensuite par la prière obtenir la grâce actuelle et effective d'observer le commandement : « grâce qui le pousse à demander une aide supplémentaire qui lui permette de réaliser ce qui lui a été commandé ». Il dit ailleurs : « Il ordonne donc, de telle sorte qu'après nous être efforcés de faire ce qui est juste, et aux prises avec notre faiblesse, nous sachions demander le secours de la grâce ». Le saint suppose ainsi qu'avec la grâce ordinaire nous ne pouvons pas faire les choses difficiles mais que nous pouvons, par la prière, obtenir ce qu'il faut pour les faire. Et il continue : « La loi est venue pour que se multiplie la faute lorsque les hommes n'implorent pas le secours de la grâce ; mais, lorsqu'à la suite d'un appel divin ils comprennent près de qui il faut gémir et qu'ils l'invoquent, que se passera-t-il ? Où le péché s'est multiplié, la grâce a surabondé » (Rm 5,20). On voit exprimés ici, comme dit Petau, le manque de la grâce abondante et par ailleurs l'assistance de la grâce ordinaire et commune, qui nous fait prier, et que le saint nomme ici « appel divin » ou « vocation divine ».

Il dit ailleurs : « Ce qui reste, en effet, au libre arbitre en cette vie mortelle, ce n'est pas que l'homme puisse à sa volonté accomplir la justice, mais qu'avec une piété suppliante, il ait à se tourner vers Celui par le don duquel il puisse accomplir la justice ». D'après saint Augustin, l'homme est incapable d'observer toute la loi, et il ne lui reste que la prière pour obtenir le secours nécessaire. Il suppose certainement que le Seigneur donne à chacun la grâce de prier actuellement et effectivement, sans avoir besoin d'un autre secours extraordinaire et non commun à tous ; si ce secours spécial faisait défaut, « le libre arbitre n'aurait aucune possibilité » d'observer concrètement tous les commandements de Dieu, tout au moins les plus difficiles. Le saint ne veut certainement pas dire que la grâce suffisante ne donne que le pouvoir et non l'action concrète de prier. En effet, il est certain que le pouvoir est donné par la grâce suffisante pour toutes les œuvres difficiles. Le saint Docteur veut certainement dire, comme il l'enseigne ailleurs, que chacun peut avec la grâce suffisante accomplir concrètement les choses faciles comme le fait de prier, et les choses difficiles avec le secours que l'on obtient par la prière.

Deux textes surtout de saint Augustin concernent notre cas. Voici le premier : « Il est certain que nous observons les commandements si nous le voulons, mais puisque la volonté est préparée par le Seigneur, il nous faut prier pour, à la fois, vouloir les observer et les observer en réalité ». Il est certain, dit le saint, que nous observons les commandements si nous le voulons. Pour vouloir les observer et pour les observer effectivement, nous devons prier. Tous reçoivent donc la grâce de prier et peuvent obtenir par la prière la grâce abondante nécessaire pour cela. Si, pour prier actuellement et effectivement, on avait besoin de la grâce efficace qui n'est pas commune à tous, tous ceux n'ont pas reçu cette grâce ne pourraient ni observer ni avoir la volonté d'observer les commandements.

Le second texte est celui où le saint Docteur répond aux moines d'Adrumète. Ceux-ci disaient : Si la grâce est nécessaire et que sans elle je ne peux rien faire, pourquoi me reprocher de ne pouvoir agir alors que je n'ai pas la grâce voulue pour le faire ? Priez plutôt le Seigneur de me donner cette grâce : « Prie plutôt pour moi ! ». Le saint leur répond : Vous méritez d'être blâmés, non pas parce que, n'en ayant pas la force, vous n'agissez pas, mais parce que vous ne priez pas pour obtenir cette force : « La prière, il la veut pour lui, celui qui ne veut pas qu'on le reprenne : Prie plutôt pour moi, dit-il, mais il faut le reprendre afin qu'il prie aussi lui-même pour lui-même ». Or, si le saint n'avait pas cru que tous ont la grâce de pouvoir prier, sans avoir besoin d'un autre secours, il n'aurait pas pu dire que son interlocuteur méritait d'être blâmé de ne pas prier. En effet, celui-ci aurait pu lui répliquer : L'on ne peut pas me blâmer de ne pas agir parce que je n'ai pas la grâce spéciale pour agir. De même, l'on ne peut pas me blâmer de ne pas prier parce que je n'ai pas la grâce spéciale de prier effectivement. Il dit de même ailleurs : « Qu'ils ne s'abusent pas eux-mêmes ceux qui disent : pourquoi nous est-il prescrit d'éviter le mal et de faire le bien, si c'est Dieu qui opère en nous le vouloir et l'agir ? » Le saint répond : lorsque nous faisons le bien, nous devons en rendre grâce à Dieu, qui nous donne la force de le faire. Quand ensuite nous ne le faisons pas, nous devons prier pour recevoir la force qui nous manque : « Quand ils ne font pas le bien, dit-il, qu'ils prient pour recevoir la force qu'ils n'ont pas encore ! ». S'ils n'avaient pas même la grâce de prier actuellement et effectivement, ils pourraient répondre : « À quoi bon nous est-il prescrit de prier, si c'est Dieu qui produit en nous la prière ? » Comment pouvons-nous prier si nous ne recevons pas le secours nécessaire pour le faire actuellement et effectivement ? Saint Thomas ne parle pas expressément de la prière mais il considère comme certaine l'opinion que nous défendons : « C'est le rôle de la divine Providence de pourvoir chacun de ce qui est nécessaire au salut, pourvu qu'il n'y mette pas obstacle ! ». Dieu donne donc à tous les grâces nécessaires au salut. Par ailleurs, pour prier il est nécessaire d'avoir la grâce de pouvoir prier actuellement et effectivement. Par la prière, nous obtenons ensuite le secours plus puissant pour faire ce que nous pouvons pas avec le seul secours ordinaire. Nous devons donc conclure nécessairement que Dieu donne à tous la grâce suffisante de prier effectivement, si nous le voulons, sans avoir besoin de la grâce efficace. Ajoutons ici la réponse de Bellarmin à certains hérétiques. Des paroles du Sauveur « Personne ne peut venir à moi s'il n'est pas attiré par mon Père », ils concluaient : Ne peuvent aller à Dieu que ceux qui sont précisément attirés par lui. « Nous répondons, écrit Robert Bellarmin : on ne peut en déduire qu'une chose, à savoir qu'ils n'ont pas la grâce efficace pour croire effectivement ; on ne peut pas en déduire que tous n'ont pas la grâce pour pouvoir croire ou pour demander la grâce nécessaire ».

Venons-en enfin aux arguments de cette opinion. Le savant Père Petau, d'accord avec Duval et d'autres théologiens, demande : Pourquoi Dieu nous impose-t-il des choses que nous ne pouvons pas observer avec la grâce commune ordinaire ? Parce que, répond-il, il veut que nous recourions à lui par la prière, ainsi que le disent communément les Saints Pères, comme nous venons de le voir. Il en conclut : nous devons tenir pour certain que chacun a la grâce de pouvoir prier actuellement et effectivement et d'obtenir par la prière le secours plus puissant pour faire ce qui nous est impossible avec la grâce commune ; sinon Dieu nous aurait imposé une loi impossible. Cette raison est très forte. On peut en ajouter une autre : Si Dieu commande à tous l'observation effective des commandements, on doit nécessairement supposer qu'il leur donne aussi communément à tous la grâce nécessaire, au moins médiatement par la prière. Pour que la loi soit raisonnable et que soit mérité le reproche adressé à ceux qui ne l'observent pas, il faut que chacun ait la grâce suffisante, au moins médiate par la prière, pour obéir effectivement sans avoir besoin d'un autre secours non commun à tous. Si cette grâce médiate ou éloignée de pouvoir actuellement et effectivement prier faisait défaut, on ne pourrait pas dire que Dieu donne à chacun la grâce suffisante pour pouvoir observer concrètement la loi.

Thomassin et Tournely accumulent et alignent beaucoup d'autres arguments en faveur de cette opinion. Je les laisse tous de côté pour m'arrêter uniquement à un argument qui me semble évident. Il s'appuie sur le précepte de l'espérance qui nous oblige tous à attendre de Dieu avec certitude la vie éternelle. Si nous n'étions pas certains que Dieu donne à tous la grâce de pouvoir prier actuellement et effectivement sans avoir besoin d'une autre grâce particulière et non commune à tous, personne ne pourrait, sans une révélation spéciale, espérer le salut comme il se doit. Qu'il me soit permis d'exposer sur quoi s'appuie cet argument !

La vertu d'espérance est si chère à Dieu qu'il met toutes ses complaisances, a-t-il déclaré, en ceux qui se confient en lui : « Yahvé met son plaisir en ceux qui ont confiance en sa miséricorde » (Ps 147 (146), 11). Et il promet la victoire sur les ennemis, la persévérance dans sa grâce et la gloire éternelle, à celui qui espère et parce qu'il espère : « Parce qu'il a espéré en moi, je le délivrerai, je le protégerai... je le délivrerai et le glorifierai » (Ps 91 (90), 1416). « Il les sauvera parce qu'ils ont mis en lui leur confiance » (Ps 37 (36), 40). « Garde-moi, mon Dieu, parce que j'ai espéré en toi » (Ps 16 (15), 1). « Nul n'a espéré dans le Seigneur et a été confondu » (Si 2, 10). Nous sommes certains que le ciel et la terre passeront mais les paroles et les promesses de Dieu ne passeront pas : « Le ciel et la terre passeront, mes paroles ne passeront pas » (Mt 24, 35). Saint Bernard affirme donc que tout notre mérite consiste à mettre en Dieu toute notre confiance : « En ceci, en effet, consiste tout le mérite de l'homme : placer toute son espérance en celui qui sauve l'homme tout entier ». La raison en est que celui qui espère en Dieu l'honore : « Invoque-moi au jour de la détresse, je te délivrerai et tu me glorifieras » (Ps 50 (49), 15). Il glorifie la Puissance, la Miséricorde et la Fidélité de Dieu, en croyant que Dieu peut et veut le sauver, et qu'il ne peut manquer aux promesses de sauver ceux qui mettent leur confiance en lui. Et le Prophète nous assure que, plus notre confiance sera grande, plus la divine miséricorde se répandra sur nous : « Yahvé, que ta miséricorde soit sur nous, comme nous espérons en toi » (Ps 33 (32), 22).

Or, cette vertu d'espérance plaît tellement au Seigneur qu'il a voulu nous l'imposer par un précepte grave, comme l'enseignent communément les théologiens, et comme le montrent plusieurs textes de la Sainte Écriture : « Espérez en lui, toute l'assemblée du peuple » (Ps 62 (61), 9). « Vous qui craignez le Seigneur, espérez en lui » (Si 2, 9). « Espère en ton Dieu toujours ! » (Os 12, 7). « Tournez votre espérance vers cette grâce qui vous est offerte » (1 P 1, 13). Cette espérance de la vie éternelle doit être en nous ferme et assurée, comme la définit saint Thomas : « L'espérance est l'attente certaine de la Béatitude future ». Le saint Concile de Trente l'a aussi déclaré expressément : « Tous doivent mettre leur très ferme espérance dans le secours de Dieu. En effet, à moins qu'ils ne manquent eux-mêmes à sa grâce, Dieu complétera ses bonnes œuvres comme il l'a commencé, réalisant le vouloir et l'achèvement ». Saint Paul l'a déclaré auparavant de lui-même : « Je sais en qui j'ai mis ma confiance et j'ai la conviction qu'il a le pouvoir de garder mon dépôt » (2 Tm 1, 12). L'espérance chrétienne diffère en cela de l'espérance humaine. Pour être une espérance, il suffit que celle-ci soit une attente incertaine. Il ne peut pas en être autrement, car on peut toujours craindre que l'homme qui a promis n'ait plus la volonté de donner. Mais l'espérance chrétienne du salut éternel est certaine de la part de Dieu car il veut et peut nous sauver, et il a promis le salut à qui observe sa loi. Il a promis également à qui les lui demande les grâces nécessaires à l'observation de cette loi.

Il est vrai que l'espérance s'accompagne aussi de la crainte, comme dit le Docteur Angélique, mais nous n'avons pas à craindre de la part de Dieu. La crainte ne peut venir que de nous. Nous pouvons, en effet, manquer en ne correspondant pas comme nous devrions et mettre obstacle à la grâce par nos fautes. C'est donc très justement que le Concile de Trente a condamné les Novateurs qui privent totalement l'homme du libre arbitre et veulent que tous les fidèles aient une certitude infaillible de leur persévérance et de leur salut. C'est une erreur déjà condamnée par le Concile de Trente. En effet, comme nous l'avons dit, il est nécessaire que nous correspondions à la grâce pour parvenir au salut, et notre correspondance est incertaine et faillible. Le Seigneur veut donc que nous nous défiions toujours de nous-mêmes, pour ne pas tomber dans la présomption en nous fiant à nos propres forces. Mais il veut qu'en revanche nous soyons bien certains de sa volonté miséricordieuse et du secours qu'il nous donne pour faire notre salut, chaque fois que nous le lui demandons, et que nous ayons ainsi une confiance totale en sa bonté. Nous devons, dit saint Thomas, attendre de Dieu avec certitude la Béatitude éternelle, en faisant confiance à sa puissance et à sa miséricorde, en croyant qu'il veut et peut nous sauver : « Or de la toute-puissance de Dieu et de sa miséricorde, est certain quiconque a la foi ».

Puisque l'espérance de notre salut doit être certaine de la part de Dieu - attente certaine de la Béatitude, selon saint Thomas - le motif d'espérer doit être certain. Si le fondement de cette espérance n'était pas certain mais douteux, nous ne pourrions pas espérer et attendre de Dieu avec certitude le salut et les moyens nécessaires au salut. Mais saint Paul veut que nous soyons absolument fermes et inébranlables dans l'espérance, si nous voulons faire notre salut : « Il faut absolument que vous persévériez dans la foi, affermis sur ses bases solides, sans vous laisser détourner de l'espérance promise par l'Évangile que vous avez entendu » (Col 1, 23). Il le confirme dans un autre passage : notre espérance doit être inébranlable comme une ancre sûre et solide, car elle repose sur les promesses de Dieu qui ne peut mentir : « Nous désirons seulement que chacun de vous montre le même zèle pour le plein épanouissement de l'espérance jusqu'à la fin... afin que par deux réalités immuables - la promesse de Dieu et le serment qu'il y a joint - dans lesquelles il est impossible à Dieu de mentir, nous soyons puissamment encouragés, nous qui avons trouvé un refuge, à saisir l'espérance qui nous est offerte. En elle, nous avons comme une ancre de notre âme, sûre autant que solide » (He 6, 11 ; 18-19). Saint Bernard dit que notre espérance ne peut être incertaine puisqu'elle repose sur les promesses de Dieu : « Cette attente ne nous paraît pas vaine, ni douteuse l'espérance, car elles sont fondées sur les promesses de la vérité éternelle ». Mon espérance, dit-il ailleurs de lui-même, s'appuie sur trois bases : l'amour de Dieu qui nous a adoptés pour ses enfants, la vérité de sa promesse, sa puissance pour la tenir : « Je considère donc qu'il y a trois éléments dans lesquels consiste toute mon espérance : l'amour adoptif, la vérité de la promesse, la puissance de la réalisation ».

C'est pourquoi l'apôtre saint Jacques déclare : Ceux qui désirent les grâces divines doivent les demander à Dieu, non pas avec hésitation mais avec une confiance absolue de les obtenir : « Qu'il demande avec foi, sans hésiter » (Jc 1, 6). Si l'on demande, continue-t-il, en étant agité par le doute, on n'obtiendra rien. « Celui qui hésite ressemble à la surface de la mer que le vent soulève et agite. Qu'il ne s'imagine pas, cet homme, recevoir quoi que ce soit du Seigneur ! » (Jc 1, 6 et 7). Et saint Paul loue Abraham de n'avoir absolument pas douté de la promesse de Dieu : il savait que, quand Dieu promet, il ne peut décevoir : « Appuyé sur la promesse de Dieu, sans hésitation ni incrédulité mais avec une foi puissante, il rendit gloire à Dieu, certain que tout ce que

Dieu a promis, il est assez puissant ensuite pour l'accomplir » (Rm 4, 20). Aussi Jésus Christ nous assure-t-il lui-même que nous recevrons toutes les grâces que nous demanderons, si nous le faisons avec une ferme confiance de les recevoir : « C'est pourquoi je vous dis : tout ce que vous demanderez en priant, croyez que vous l'avez déjà reçu et cela vous sera accordé ! » (Mc 11, 24). En un mot, Dieu ne veut pas nous exaucer si nous ne croyons pas avec certitude qu'il nous exaucera.

Venons-en à notre problème. Notre espérance du salut et des moyens nécessaires pour cela doit être certaine de la part de Dieu. Les motifs qui fondent cette certitude, nous l'avons vu, sont la Puissance, la Miséricorde et la Fidélité de Dieu ; mais de ces trois motifs, le plus fort et le plus certain, c'est la fidélité infaillible de Dieu à la promesse qu'il nous a faite, par les mérites de Jésus Christ, de nous sauver et de nous accorder les grâces nécessaires au salut. En effet, remarque fort justement Juénin, bien que nous croyions que la Puissance et la Miséricorde de Dieu sont infinies, nous ne pourrions en espérer le salut s'il ne nous l'avait pas promis de façon indubitable. Mais cette promesse est conditionnelle : elle exige que nous répondions par les œuvres et que nous priions, comme nous le voyons dans les Saintes Écritures : « Demandez et l'on vous donnera. Si vous demandez quelque chose à mon Père en mon nom, il vous le donnera. Il donnera de bonnes choses à ceux qui les lui demandent. Il faut toujours prier. Vous ne recevez pas parce que vous ne demandez pas... Si quelqu'un a besoin de la sagesse, qu'il la demande à Dieu ! » Et beaucoup d'autres textes que nous avons cités plus haut. C'est pourquoi les Saints Pères et les théologiens enseignent communément, comme nous l'avons prouvé dans le chapitre premier de la première partie, que la prière est un moyen nécessaire au salut.

Or si nous n'étions pas certains que Dieu donne à tous la grâce de pouvoir prier actuellement et effectivement, sans que nous ayons besoin d'une autre grâce spéciale, non commune à tous, nous ne pourrions pas avoir de la part de Dieu un motif certain et inébranlable de pouvoir espérer le salut avec certitude ; notre espérance ne serait qu'incertaine et conditionnelle. Quand je suis sûr qu'en priant j'obtiendrai la vie éternelle et toutes les grâces nécessaires, et que je sais aussi que Dieu ne me refusera pas, parce qu'il l'accorde à tous, la grâce de prier actuellement et effectivement, si je le veux, j'ai alors un motif certain d'espérer de Dieu le salut, à condition que je fasse personnellement tout ce qu'il faut. Mais quand je doute de recevoir de Dieu la grâce particulière qu'il n'accorde pas à tous et qui serait nécessaire, selon certains, pour prier effectivement, alors je n'ai pas de motif assuré d'espérer de Dieu le salut ; je n'ai qu'un motif douteux et incertain. Dieu me donnera-t-il cette grâce spéciale, nécessaire pour prier, et qu'il refuse à beaucoup ? Et cette incertitude n'existerait pas uniquement de mon côté mais aussi du côté de Dieu. Du coup, voilà l'espérance chrétienne détruite : en effet, d'après l'Apôtre Paul, elle doit être inébranlable, ferme et solide. À vrai dire, je ne sais pas comment, dans ces conditions, le chrétien peut pratiquer la vertu d'espérance et attendre de Dieu, comme il convient, avec une ferme confiance, le salut et les grâces nécessaires pour cela. Comment espérer vraiment si l'on ne tient pas pour certain que Dieu accorde à tous sans exception la grâce de prier effectivement, s'ils le veulent, sans qu'il soit nécessaire d'avoir une autre grâce spéciale ?

Disons pour conclure que beaucoup de théologiens ainsi que notre humble Congrégation admettent notre système et notre opinion ; ils s'accordent parfaitement avec la grâce intrinsèquement efficace par laquelle nous faisons le bien infailliblement quoique librement, ainsi qu'avec la grâce suffisante, comme nous le verrons plus loin. On ne peut nier, en effet, que Dieu peut parfaitement par sa toute-puissance incliner et pousser les cœurs humains à vouloir librement ce qu'il veut, comme l'affirment les Saintes Écritures : « Le cœur du roi est dans la main de Yahvé ; il l'incline partout où il veut » (Pr 21, 1). « Je mettrai mon esprit en vous et je ferai que vous marchiez selon mes lois » (Ez 36, 27). « Mon projet se réalisera, j'accomplirai ce qui me plaît » (Is 46, 10). « Il change le cœur des princes des peuples de la terre » (Jb 12, 24). « Que le Dieu de la paix... vous rende aptes à accomplir sa volonté en toute sorte de bien, produisant en vous ce qui lui est agréable par Jésus Christ » (He 13, 21). On ne peut nier que saint Augustin et saint Thomas aient enseigné que la grâce est efficace en elle-même de par sa nature. C'est ce que montrent beaucoup de leurs textes et spécialement ceux-ci. Saint Augustin : « Cependant Dieu ne donna cette royauté que par les volontés des hommes eux-mêmes, car il a, sans aucun doute, une puissance toute-puissante pour incliner les cœurs des hommes comme il lui plaît ». Ailleurs : « Car le Tout-Puissant opère dans le cœur des hommes (le mouvement même de leur volonté), afin de faire par eux ce que lui-même a résolu de faire par eux ». Ailleurs encore : « Certes ce sont bien des hommes qui accomplissent les œuvres bonnes destinées à honorer Dieu, mais c'est Dieu qui leur fait accomplir ce qu'il leur prescrit ». De nouveau : « Certainement, c'est nous qui agissons quand nous agissons, mais c'est Dieu qui fait que nous agissions en accordant à notre volonté une force pleinement efficace, lui qui a dit : « Je ferai que vous marchiez selon mes justes lois ». Ailleurs : « C'est nous assurément qui voulons, mais ce vouloir même est en nous l'œuvre de Dieu, c'est nous qui agissons, mais cette action même c'est Dieu qui la produit en nous ». Ailleurs : « Mais puisque la volonté est préparée par le Seigneur (Ps 8,35), on doit lui demander qu'il nous donne autant de volonté qu'il nous en faut pour qu'en voulant nous fassions ». Ailleurs : « Dieu qui sait agir intérieurement dans le cœur même des hommes, non de telle sorte que ces hommes croient sans le vouloir, ce qui est impossible, mais que leur refus se transforme en volonté de croire ». Ailleurs : « Dieu est l'auteur non seulement de vraies révélations, mais aussi des décisions volontaires conformes au bien ». Ailleurs : « Voilà pourquoi même nos volontés n'ont de pouvoir que dans la mesure où Dieu l'a voulu ». Ailleurs : « Dieu a tellement en son pouvoir les volontés qui se gardent dans leur condition de créature, qu'il les fait pencher, quand il veut, du côté où il veut ». Le Docteur Angélique dit quelque part : « Dieu meut la volonté d'une façon immuable par une force efficace qui ne peut manquer d'atteindre son but ». Ailleurs : « La charité est impeccable par la vertu même de l'Esprit Saint qui réalise infailliblement tout ce qu'il veut. C'est pourquoi il ne saurait être vrai simultanément et que le Saint Esprit veuille mouvoir quelqu'un à l'acte de charité, et que celui-ci perde la charité en péchant ». Et enfin : « Étant donné que Dieu meut notre volonté vers un objet précis, il n'est pas possible en même temps que notre volonté ne le veuille pas ».

Par ailleurs, notre opinion s'accorde parfaitement avec la grâce vraiment suffisante, qui est commune à tous. Si l'on y correspond, on obtiendra la grâce efficace. Si l'on n'y correspond pas et que l'on y résiste, cette grâce efficace nous sera à juste titre refusée. Les pécheurs qui prétendent ne pas avoir la force de résister aux tentations sont inexcusables. S'ils priaient, avec la grâce ordinaire donnée à tous, ils obtiendraient cette force et ils se sauveraient. Si l'on n'admet pas cette grâce ordinaire qui permet à chacun au moins de prier, sans avoir besoin d'une grâce spéciale non commune à tous, et d'obtenir par la prière le secours plus puissant pour observer la loi, je ne sais comment on peut comprendre de nombreux passages des Saintes Écritures : les âmes y sont exhortées, en effet, à se tourner vers Dieu, à vaincre les tentations et à répondre aux appels de Dieu : « Révoltés, rentrez en vous-mêmes » (Is 46, 8). « Convertissez-vous et vivez » (Ez 18, 32). « Convertissez-vous et faites pénitence » (Ez 18, 30). « Lève-toi, Jérusalem... détache les chaînes de ton cou » (Is 52, 2). « venez à moi, vous tous qui peinez et ployez sous le fardeau » (Mt 11, 28). « Résistez-lui, fermes dans la foi » (1 P 5, 9). « Marchez tant que vous avez la lumière » (Jn 12, 35). Si tous n'avaient pas la grâce de prier et si l'on ne pouvait pas obtenir par la prière le secours plus puissant pour parvenir au salut, je ne sais pas comment l'on pourrait interpréter les textes ci-dessus. Je ne sais pas non plus comment les orateurs sacrés pourraient exhorter avec tant de force tous les hommes sans exception à se convertir, à résister aux ennemis, à marcher dans la voie des vertus, à prier pour cela avec confiance et persévérance, si vraiment la grâce de faire le bien ou du moins de prier n'était pas accordée à tous mais uniquement à ceux qui reçoivent la grâce efficace. Je ne sais pas comment on pourrait justifier le reproche qui est fait à tous les pécheurs qui résistent à la grâce et qui méprisent la voix de Dieu : « Toujours vous résistez à l'Esprit Saint » (Ac 7, 51). « Puisque j'ai appelé et que vous avez refusé, puisque j'ai étendu la main sans que nul n'y prenne garde, puisque vous avez négligé tous mes conseils et que vous n'avez pas voulu de mon exhortation... » (Pr 1, 24). Si leur a fait défaut la grâce éloignée mais efficace de la prière, indispensable pour prier actuellement et effectivement d'après nos adversaires, je ne sais pas comment on pourrait leur faire tous ces reproches.

Je termine. Certains auraient peut-être désiré que j'examine de façon plus développée et détaillée un problème très controversé, celui de l'efficacité de la grâce, d'après les différents systèmes des théologiens

— celui de la prémotion physique, de la grâce congrue, de la grâce concomitante, de la délectation relativement victorieuse par la supériorité des degrés. Mais comment aurait pu y suffire ce petit livre que j'ai voulu court et accessible ? Pour parcourir un si vaste océan, il m'aurait fallu plusieurs volumes. Et puis, d'autres s'y sont déjà beaucoup fatigués. Si j'ai voulu traiter le problème étudié dans cette deuxième partie, c'est pour rendre honneur à la Providence et à la bonté de Dieu, pour aider les pécheurs à ne pas sombrer dans le désespoir en se croyant privés de la grâce, pour leur ôter aussi toute excuse : qu'ils ne disent surtout pas ne pas pouvoir résister aux assauts des sens et de l'Enfer ! J'ai montré que, parmi ceux qui se damnent, aucun ne l'est par suite du péché originel d'Adam mais uniquement par sa propre faute. En effet, Dieu ne refuse à personne la grâce de la prière ; on obtient ainsi de Dieu le secours nécessaire pour vaincre tous les mauvais désirs et toutes les tentations. Mon but principal a été de persuader tout le monde d'utiliser ce très puissant et nécessaire moyen de la prière, pour que chacun s'y applique avec plus de soin et de courage en vue du salut. Si tant de pauvres âmes perdent la grâce de Dieu, continuent à vivre dans le péché et finalement se damnent, c'est qu'elles ne prient pas et ne demandent pas à Dieu de les aider. Le pire, je le redis, c'est que peu de prédicateurs et de confesseurs s'emploient sérieusement à suggérer à leurs auditeurs et pénitents l'usage de la prière ; et pourtant il est impossible, sans elle, d'observer les commandements de Dieu et d'obtenir la persévérance dans la divine grâce.

Après avoir examiné l'absolue nécessité de la prière, que soulignent d'innombrables pages des Saintes Écritures, de l'Ancien et du Nouveau Testament, je me suis efforcé d'introduire dans les missions de la Congrégation, depuis de nombreuses années, la coutume de prêcher toujours sur la prière. C'est pourquoi tous les écrivains dans leurs livres, tous les orateurs sacrés dans leurs prédications, tous les confesseurs dans l'administration du sacrement de Pénitence, ne devraient rien inculquer davantage que de toujours prier ; ils devraient recommander, crier et répéter sans cesse : Priez, priez et ne cessez jamais de prier ! Si vous priez, votre salut est assuré ; mais, si vous cessez de prier, certaine aussi sera votre damnation. Ainsi devraient faire tous les Prédicateurs et Directeurs, puisqu'aucune École catholique ne met en doute cette vérité : celui qui prie obtient des grâces et se sauve mais il y en a trop peu qui le font et c'est pourquoi il y en a si peu qui font leur salut !

PARTIE III
PRIÈRES

PRIÈRE POUR OBTENIR LA GRÂCE DE TOUJOURS PRIER.

Dieu de mon âme, j'espère de votre bonté que je suis dans votre grâce et que vous m'avez déjà pardonné toutes les offenses que je vous ai faites. Je vous remercie de tout mon cœur et j'espère pouvoir vous en remercier durant toute l'éternité. « Je chanterai éternellement les miséricordes du Seigneur » (Ps 89 (88), 2). Je vois bien que les causes de mes chutes, c'est que je n'ai pas eu recours à vous, quand j'étais tenté, pour vous demander la sainte persévérance. Pour l'avenir, je me propose fermement de me recommander toujours à vous, et spécialement quand je me verrai en danger de vous offenser de nouveau. Je me propose de recourir sans cesse à votre miséricorde, en invoquant toujours les saints noms de Jésus et de Marie. Je suis sûr que, si je prie, vous ne manquerez pas de me donner la force que je n'ai pas pour résister à mes ennemis. Telle est ma résolution et je vous promets de la tenir. Mais, ô, mon Dieu, à quoi serviront toutes mes résolutions et promesses, si vous ne m'aidez pas par votre grâce à réaliser cette décision de recourir à vous dans mes dangers ? Ô, Père éternel, aidez-moi, pour l'amour de Jésus Christ, et ne permettez pas que je manque de me recommander à vous, spécialement quand je serai tenté. Je suis sûr que vous viendrez toujours à mon secours quand je recourrai à vous ; mais ce que je crains, c'est de négliger alors de me recommander à vous et que cette négligence puisse être ensuite la cause de ma ruine, c'est-à-dire de perdre votre grâce, ce qui est le plus grand malheur qui puisse m'arriver. Oh ! par les mérites de Jésus Christ, donnez-moi la grâce de la prière, mais une grâce abondante qui me fasse toujours prier et prier comme il faut. Ô, Marie, ma Mère, chaque fois que j'ai eu recours à vous, vous m'avez obtenu le secours nécessaire pour ne pas tomber. Je recours encore à vous pour que vous m'obteniez une grâce plus grande, celle de me recommander à votre Fils et à vous dans toutes mes nécessités et pour toujours. Ô, ma Reine, vous obtenez de Dieu tout ce que vous demandez ; obtenez-moi maintenant, pour tout l'amour que vous avez pour Jésus Christ, la grâce de prier et de ne jamais cesser de prier jusqu'à la mort. Amen.

PENSÉES ET ORAISONS JACULATOIRES

Seigneur, qui sait quel sera mon sort ? Je serai toujours heureux, ou toujours malheureux ! À quoi sert, sans Dieu, le monde entier ? Que l'on perde tout, mais que l'on ne perde surtout pas Dieu ! Je vous aime, mon Jésus, mort pour moi ! Oh ! que ne suis-je mort avant de vous offenser ! Plutôt mourir que perdre Dieu ! Jésus et Marie, vous êtes mon espérance ! Mon Dieu, aidez-moi pour l'amour de Jésus Christ ! Mon Jésus, toi seul me suffis ! Ne permets pas que je me sépare de toi ! Donne-moi ton amour et fais de moi ce que tu veux ! Qui voudrai je donc aimer si je ne t'aime pas, toi mon Dieu ? Père éternel, aidez-moi pour l'amour de Jésus ! En vous je crois, en vous j'espère, et je vous aime ! Me voici, Seigneur, faites de moi ce qui vous plaît. Mon Dieu, quand me verrai-je tout à toi ? Quand pourrai-je te dire : mon Dieu, je ne peux plus te perdre ? Marie, mon espérance, aie pitié de moi ! Mère de Dieu, prie Jésus pour moi ! Seigneur, que suis-je donc pour que vous vouliez être aimé de moi ?

LE GRAND MOYEN DE LA PRIÈRE

Mon Dieu, c'est toi seul que je veux et rien de plus ! Je ne veux en tout que ce que vous voulez ! Oh ! puissé-je me consumer tout entier pour vous qui vous êtes consumé tout entier pour moi ! J'ai été reconnaissant envers les autres ; il n'y a qu'avec vous que j'ai été un ingrat ! Je vous ai assez offensé, je ne veux plus vous offenser ! Si j'étais mort à tel moment, je ne pourrais plus vous aimer ! Faites-moi mourir avant que je vous offense ! Vous m'avez attendu pour que je vous aime ; oui, je veux vous aimer ! Je vous consacre le temps qui me reste à vivre ! Ô, Mon Jésus, attirez-moi tout entier à vous ! Vous ne m'abandonnerez pas ; moi non plus, je ne vous abandonnerai pas ! J'espère que nous nous aimerons toujours, ô Dieu de mon âme ! Mon Jésus, faites qu'avant de mourir je sois tout entier à vous ! Faites que je vous trouve apaisé, quand vous aurez à me juger ! Vous m'avez trop obligé à vous aimer : je vous aime, je vous aime ! Acceptez que vous aime un pécheur qui vous a tant offensé ! Vous vous êtes donné tout à moi, je me donne tout à vous ! Je veux vous aimer beaucoup en cette vie pour vous aimer beaucoup dans l'autre ! Faites-moi connaître quel grand bien vous êtes, afin que je vous aime beaucoup ! Vous aimez qui vous aime ; je vous aime ; aimez-moi, vous aussi ! Donnez-moi l'amour que vous me demandez ! Je me réjouis de vous voir infiniment heureux !

PRIÈRES

Oh ! que ne vous ai-je toujours aimé, que ne suis-je mort avant de vous offenser ! Faites que je triomphe de tout pour vous faire plaisir ! Je vous donne toute ma volonté ; disposez de moi comme il vous plaît ! Ma joie, c'est de vous contenter, vous, Bonté infinie ! J'espère vous aimer éternellement, ô Dieu éternel ! Vous êtes tout-puissant, rendez-moi saint ! Vous m'avez cherché quand je vous fuyais ! Ne me chassez pas maintenant que je vous cherche ! Je vous remercie de m'avoir donné le temps de vous aimer. Je vous en remercie et je vous aime ! Que ce soit enfin aujourd'hui que je me donne tout à vous ! Infligez-moi tous les châtiments mais ne me privez pas de pouvoir vous aimer ! Mon Dieu, je veux vous aimer sans réserve ! J'accepte toutes les peines, tous les mépris, pourvu que je vous aime ! Je voudrais mourir pour vous qui êtes mort pour moi ! Je voudrais que tous vous aiment comme vous le méritez ! Je veux faire tout ce que je saurai vous être agréable ! Je préfère votre plaisir à tous les plaisirs du monde ! Volonté de Dieu, tu es mon amour ! Ô, Marie, faites que je recoure toujours à vous ! C'est à vous de faire de moi un saint : telle est mon espérance ! Vive Jésus notre amour, et Marie notre espérance !

PRIÈRE À FAIRE TOUS LES JOURS POUR OBTENIR LES GRÂCES NÉCESSAIRES AU SALUT.

Père éternel, votre Fils nous a promis que vous nous accorderez toutes les grâces que nous vous demanderons en son nom. Au nom et par les mérites de Jésus Christ, je vous demande pour moi et pour tous les hommes les grâces suivantes et tout d'abord une foi vive à tout ce que m'enseigne la Sainte Église Romaine.

Donnez-moi en même temps votre lumière qui me fasse connaître la vanité des biens de ce monde et la grandeur du bien infini que vous êtes, qui me fasse comprendre la laideur des péchés que j'ai commis, pour m'en humilier et pour les détester, qui me fasse apprécier votre bonté pour moi et y répondre du plus profond de mon cœur. Faites-moi aussi connaître l'amour que vous m'avez porté, pour que j'essaie désormais de vous être reconnaissant pour tant de bonté.

Donnez-moi ensuite une ferme confiance de recevoir de votre miséricorde, par les mérites de Jésus Christ et l'intercession de Marie, le pardon de mes péchés, la sainte persévérance et la gloire du Paradis.

Troisièmement, donnez-moi un grand amour envers vous, qui me détache de toutes les affections de la terre et de moi-même, pour n'aimer que vous, pour ne chercher et ne désirer que vous.

Quatrièmement, je vous prie de me donner une parfaite résignation à votre volonté, d'accepter en paix les souffrances, les infirmités, les mépris, les persécutions, les sécheresses d'esprit, la perte de mes biens, de ma réputation, de mes parents, et toutes les autres croix qui me viendront de vous. Je m'offre tout entier à vous pour que vous fassiez de moi et de tout ce qui m'appartient ce qui vous plaît. Mais donnez-moi la lumière et la force pour accomplir toutes vos saintes volontés ; et, spécialement au moment de la mort, aidez-moi à vous faire de tout mon cœur le sacrifice de ma vie, en union avec le grand sacrifice de Jésus votre Fils mourant sur la croix.

Cinquièmement, je vous demande d'avoir une grande douleur de mes péchés, qui me fasse vivre continuellement avec le regret dans le cœur et pleurer jusqu'à la mort les déplaisirs que je vous ai causés à vous, mon souverain bien, digne d'un amour infini et qui m'avez tant aimé.

Sixièmement, je vous prie de me donner l'esprit de vraie humilité et douceur, qui me fasse embrasser avec sérénité et même avec plaisir tous les mépris, les ingratitudes et mauvais traitements que je recevrai des hommes. Je vous prie de me donner aussi une charité parfaite qui me fasse souhaiter du bien à ceux qui m'ont fait du mal et m'employer à faire du bien, autant que je pourrai, tout au moins par la prière, à tous ceux qui m'auront fait quelque offense.

Septièmement, je vous prie de me donner d'aimer la sainte vertu de mortification, qui me fasse châtier mes sens rebelles, contrarier mon amour-propre. Je vous demande aussi de m'accorder la sainte pureté du corps et la grâce de résister à toutes les tentations déshonnêtes et de recourir alors toujours à vous et à votre sainte Mère. Donnez-moi la grâce d'obéir ponctuellement aux ordres de mon père spirituel et de tous mes supérieurs.

Donnez-moi une intention droite afin qu'en tout ce que je fais et désire, tout soit pour votre gloire et pour vous faire plaisir. Donnez-moi une totale confiance en la Passion de Jésus Christ et en l'intercession de Marie Immaculée. Donnez-moi une grande dévotion au Saint-Sacrement de l'autel, un tendre et véritable amour pour votre sainte Mère. Je vous prie de me donner par-dessus tout la sainte persévérance et la grâce de vous la demander sans cesse, spécialement au moment des tentations et de la mort.

Je vous recommande ensuite les saintes âmes du Purgatoire, mes parents et bienfaiteurs et je vous recommande d'une manière particulière tous ceux qui me haïssent ou qui m'ont fait quelque offense ; je vous prie de leur rendre en bien le mal qu'ils m'ont fait ou qu'ils me souhaitent. Je vous recommande enfin les infidèles, les hérétiques et tous les autres pécheurs ; donnez-leur la lumière et la force pour sortir du péché. Ô, Dieu très aimable, faites-vous connaître et faites-vous aimer de tous, mais spécialement de moi qui me suis montré plus ingrat que les autres, afin que par votre bonté j'aille un jour chanter éternellement vos miséricordes en Paradis, comme je l'espère par les mérites de votre sang et la protection de Marie. Ô, Marie, Mère de Dieu, priez pour moi. Telle est mon espérance. Amen.

PRIÈRE POUR OBTENIR LA CONFIANCE DANS LES MÉRITES DE JÉSUS CHRIST ET DANS L'INTERCESSION DE MARIE.

Ô, Père éternel, je vous remercie autant que je le puis, pour moi et pour tous les hommes, de la grande miséricorde que vous avez exercée à notre égard en envoyant votre Fils se faire homme et mourir pour obtenir le salut. Je vous en remercie et je voudrais en reconnaissance vous rendre autant d'amour qu'en mérite un si grand bienfait. C'est par ses mérites que vous nous pardonnez nos fautes, car ils ont satisfait à votre justice pour les peines que nous avons encourues. C'est par eux que vous nous recevez dans votre grâce, nous misérables pécheurs, qui ne méritons que haine et châtiment. C'est par eux que vous admettez les hommes à régner dans le Paradis. C'est par eux enfin que vous vous êtes engagé à accorder tout don et toute grâce à tous ceux qui vous les demandent au nom de Jésus Christ.

Ô bonté infinie, je vous remercie également de ce

que, pour augmenter notre confiance, vous ne vous êtes pas contenté de nous donner Jésus Christ comme Rédempteur, mais vous nous avez aussi donné pour avocate votre fille bien-aimée, Marie : avec ce cœur plein de miséricorde et d'amour dont vous l'avez gratifiée, elle ne manque pas de secourir par son intercession tous les pécheurs qui recourent à elle ; et vous avez voulu que son intercession soit si puissante sur vous qu'il vous est impossible de rien lui refuser des différentes grâces qu'elle vous demande.

Vous voulez donc que nous ayons une grande confiance dans les mérites de Jésus Christ et dans l'intercession de Marie. Mais cette confiance est un don qui vient de vous, un don magnifique, que vous ne faites qu'à ceux que vous voulez sauver. C'est pourquoi je vous demande cette confiance dans le sang de Jésus Christ et dans la protection de Marie, et je vous la demande par les mérites de Jésus et ceux de Marie. Je me tourne également vers vous, mon cher Rédempteur. C'est dans ce but que vous avez sacrifié votre vie sur la croix pour me procurer, à moi qui ne suis digne que de châtiments, cette confiance dans vos mérites. Réalisez donc en moi le but pour lequel vous êtes mort. Faites que je sois tout espérance et que je mette toute ma confiance dans votre Passion. Et vous, ô Marie, ma Mère, et mon espérance après Jésus Christ, obtenez-moi une ferme confiance, d'abord dans les mérites de votre fils Jésus et ensuite dans le secours de vos prières : prières toutes puissantes qui obtiennent du Seigneur tout ce qu'elles demandent. Ô, mon bien-aimé Jésus, ô ma douce Marie, je vous confie et remets mon âme. Vous qui l'avez tant aimée, ayez-en compassion et sauvez-la.

PRIÈRE À JÉSUS CHRIST POUR OBTENIR SON SAINT AMOUR.

Ô, mon Jésus crucifié, je vous crois et je vous proclame le vrai Fils de Dieu et mon Sauveur. Je vous adore du plus profond de mon néant et je vous remercie d'être mort pour moi afin de m'obtenir la vie et la grâce de Dieu. Mon bien-aimé Rédempteur, c'est à vous que je dois entièrement mon salut. C'est par vous que jusqu'à présent j'ai été préservé de l'Enfer. C'est par vous que j'ai reçu le pardon de mes péchés. Mais, ingrat que je suis, au lieu de vous aimer, j'ai recommencé à vous offenser. Je mériterais d'être condamné à ne plus vous aimer. Mais non, mon Jésus, infligez-moi tout autre châtiment que celui-là. Si par le passé je ne vous ai pas aimé, maintenant je vous aime et je ne désire rien d'autre que de vous aimer de tout mon cœur. Mais sans votre secours je ne peux rien. Puisque vous m'ordonnez de vous aimer, donnez-moi la force nécessaire pour observer ce doux et agréable commandement. Vous avez promis d'accorder tout ce qui vous est demandé : « Demandez ce que vous voudrez et cela vous sera accordé » (Jn 15, 7). Confiant en cette promesse, ô, mon cher Jésus, je vous demande d'abord le pardon de tous mes péchés dont je me repens par-dessus tout parce que j'ai offensé votre bonté infinie. Je vous demande la sainte persévérance dans votre grâce jusqu'à la mort. Mais je vous demande surtout le don de votre saint amour. Ah ! mon Jésus, mon espérance, mon amour et mon tout, enflammez-moi de ce feu d'amour que vous êtes venu allumer sur la terre : « Allumez en moi le feu de votre amour ! ». Et faites pour cela que je vive toujours en conformité avec votre sainte volonté. Éclairez-moi pour que je connaisse toujours mieux combien vous méritez d'être aimé et l'amour immense que vous m'avez porté, spécialement en donnant votre vie pour moi. Faites donc que je vous aime de tout mon cœur, que je vous aime pour toujours, et que je vous demande toujours la grâce de vous aimer en cette vie. Si je vis ainsi sans cesse en vous aimant et si je meurs dans votre amour, viendra le jour où je vous aimerai de toutes mes forces dans le ciel pour ne plus cesser de vous aimer durant toute l'éternité.

Ô Marie, mère du bel amour, mon avocate et mon refuge, vous qui êtes la créature la plus aimable, la plus aimée de Dieu et la plus aimante, et qui ne désirez que de le voir aimé de tous, pour l'amour que vous portez à Jésus Christ, priez pour moi, et obtenez-moi la grâce de l'aimer toujours et de tout mon cœur. C'est à vous que je la demande et c'est de vous que je l'espère. Amen.

PRIÈRE POUR OBTENIR LA PERSÉVÉRANCE FINALE.

Père éternel, je vous adore humblement et je vous remercie de m'avoir créé et racheté par Jésus Christ. Je vous remercie de m'avoir fait chrétien en me donnant la vraie foi et en m'adoptant pour votre enfant lors de mon baptême. Je vous remercie d'avoir attendu patiemment que je fasse pénitence après tant de péchés et de m'avoir pardonné, comme je l'espère, toutes les offenses que je vous ai faites. Je m'en repens de nouveau parce que j'ai contristé votre bonté infinie. Je vous remercie également de m'avoir préservé de nombreuses rechutes que j'aurais faites si votre main ne m'avait protégé. Mais, mes ennemis ne cessent pas et ne cesseront pas de me combattre jusqu'à la mort pour faire de nouveau de moi leur esclave. Si vous ne veillez pas sur moi et ne me secourez pas sans cesse, je perdrai de nouveau misérablement votre grâce. Je vous prie donc, pour l'amour de Jésus Christ, de m'accorder la sainte persévérance jusqu'à la mort. Votre Fils Jésus nous a promis que tout ce que nous vous demanderons en son nom, vous nous l'accorderez. Je vous demande donc, par les mérites de Jésus-Christ, pour moi et pour tous ceux qui vivent dans votre grâce, de ne plus nous séparer de votre amour, pour vous aimer toujours en cette vie et en l'autre. Marie, Mère de Dieu, priez Jésus pour moi !

Copyright © 2020 by ALICIA EDITIONS
Crédits image : Canva, Wikipédia Commons photographie
d'**Andreas F. Borchert -** Saint Alphonse agenouillé devant le
Très-Saint-Sacrement, vitrail de Franz Mayer à la cathédrale de
Carlow.
Tous droits réservés

www.ingramcontent.com/pod-product-compliance
Lightning Source LLC
La Vergne TN
LVHW092011090526
838202LV00002B/97